Heinrich Böll:
Schwierigkeiten mit der Brüderlichkeit
Politische Schriften

Deutscher
Taschenbuch
Verlag

dtv

Von Heinrich Böll
sind im Deutschen Taschenbuch Verlag erschienen:
Irisches Tagebuch (1)
Zum Tee bei Dr. Borsig (200)
Als der Krieg ausbrach (339)
Nicht nur zur Weihnachtszeit (350)
Ansichten eines Clowns (400)
Wanderer, kommst du nach Spa... (437)
Ende einer Dienstfahrt (566)
Aufsätze – Kritiken – Reden (616/617)
Der Zug war pünktlich (818)
Wo warst du, Adam? (856)
Gruppenbild mit Dame (959)
Billard um halbzehn (991)
Der Lorbeer ist immer noch bitter (1023)
Hierzulande (sr 11)
Frankfurter Vorlesungen (sr 68)

Über Heinrich Böll:
Der Schriftsteller Heinrich Böll (530)
In Sachen Böll – Ansichten und Einsichten (730)

April 1976
Deutscher Taschenbuch Verlag GmbH & Co. KG,
München

Auswahl aus: ›Neue politische und literarische
Schriften‹
Umschlaggestaltung: Celestino Piatti
Gesamtherstellung: C. H. Beck'sche Buchdruckerei,
Nördlingen
Printed in Germany · ISBN 3-423-01153-X

Inhalt

Offene Antwort an die 329 tschechoslowakischen Schriftsteller, Intellektuellen und Künstler [1967]

Liebe Freunde, ich spreche Sie so an, weil Ton und Inhalt Ihres Appells mir vertraut klingen wie so manches gemeinsame Gespräch. Lassen Sie mich bitte zunächst folgendes betonen: Ich mache mir keine Illusionen über den Stand der Freiheit für Schriftsteller und Intellektuelle in den sozialistischen Ländern, aber ich habe *Hoffnung*, eine hartnäckige Hoffnung, daß Ihre Kämpfe und Demütigungen nicht vergebens sind. Es ist diese Hoffnung, die mich veranlaßt, auch weiterhin in sozialistische Länder zu reisen, obwohl mir die Zweideutigkeit solcher Reisen klar ist. Einerseits bekundet man scheinbar Einverständnis mit den Parteifunktionären in den viel zu mächtigen Schriftstellerverbänden, anderseits ist es die einzige Möglichkeit, Gespräche zu führen und Freunde zu treffen.

Vielleicht kann ich Ihnen an einem Beispiel erklären, wie schwierig und zweideutig unsere Position auch hier ist: Einige westliche Schriftsteller protestierten fast gleichzeitig gegen die Verhaftung von Daniel und Sinjawskij *und* gegen den Vietnamkrieg. Alle westdeutschen Zeitungen – und es gibt deren einige hundert – veröffentlichten unseren Protest gegen die Verhaftung der beiden sowjetischen Schriftsteller, aber nur einige wenige unseren Protest gegen den Vietnamkrieg. Sie sehen an diesem Beispiel, wie leicht jene Freiheit, die hier jede Zeitung genießt, sich in Selbstzensur verwandelt, indem man sich der Freiheit bedient, nur die Nachrichten zu bringen, die gerade passen. Was wichtiger ist: Auf die Idee, daß beide Proteste aus *einem* Geist kamen, ist meines Wissens kein einziger Kommentator gekommen. Ich nehme an, in den sozialistischen Ländern war es umgekehrt: Dort wurde wohl *nur* unser Protest gegen den Vietnamkrieg abgedruckt oder erwähnt, der Protest gegen die Verhaftung der beiden Schriftsteller wahrscheinlich unterdrückt oder nur so hämisch kommentiert, wie hier unser Protest gegen den Vietnamkrieg. Offenbar war wohl auch im »sozialistischen Lager« die Vorstellung unvollziehbar, daß beide Proteste aus *einem* Geist stammten, dem, für den jegliche Art staatlicher Zensur undiskutabel und die Freiheit des Wortes und der politischen Entscheidung selbstverständlich sind. Sie, liebe Freunde, sollten wissen, daß es diesen einen Geist gibt, der uns verbindet; daß er nicht immer »funktioniert«, liegt in seiner Natur, liegt auch in der Erkenntnis der Zweideutigkeit unserer Aktionen und in der ständigen Gefahr, in schlechte Gesellschaft zu geraten, die Gesellschaft jener, die diesen einen Geist spalten möchten in einen westlichen und einen östlichen, in einen »kommunistischen« und einen »freien«. Ich kann an diese Spaltung nicht glauben, und doch fällt es mir schwer, Ihnen Mut zuzusprechen. Die Gesellschaft, in der ich lebe, macht es mir zu leicht, mutig zu sein. Sie ist – im Gegensatz zu Ihrer, deren Gereiztheit in einem peinlichen Mißverhältnis zu ihrer immensen Macht steht – kaum noch provozierbar.

Ich grüße Sie alle in herzlicher Verbundenheit.

Radikale für Demokratie

Rede bei der Kundgebung gegen die Notstandsgesetze im Bonner Hofgarten am 11. 5. 1968

Als Person, auf Grund meiner Erfahrungen mit verschiedenen Notständen der deutschen Geschichte, bin ich der Überzeugung, daß Notstände – was ja bedeutet: Krieg oder Bürgerkrieg – durch Gesetze nicht zu regeln sind. Ich lasse meine persönlichen Überzeugungen beiseite und versuche, mich in die Lage des Gesetzgebers einzudenken. Nach so vielen Versionen und Verschleppungen der Notstandsgesetze entsteht ein Überdruß, der nur einen Wunsch zur Folge hat: Die Sache rasch zu erledigen, auch wenn sie schlecht erledigt wird. Dieses Gesetz zu verabschieden, wie es in der Fassung vom 4. 4. 1968 vorliegt, wäre eine sehr schlechte Erledigung, vom gleichen politischen Gewicht wie der verhängnisvolle Entschluß zur Wiederaufrüstung. Eine zu lange Beschäftigung mit einer Vorlage, die immer wieder scheitert, verstellt den Blick, bringt auch Einsichtige in Gefahr, vor lauter Bäumen – und es sind verwachsene Bäume – den Wald nicht mehr zu sehen. Das Bösartige an dieser Gesetzesvorlage ist außerdem, daß ihre letzte Fassung bis vor wenigen Tagen fast geheimgehalten, daß die Öffentlichkeit nur sehr mangelhaft informiert wurde. Das Gesetz erscheint den meisten Bürgern dieses Staates als eine Art Verkehrsregelung bei Naturkatastrophen, während es in Wahrheit alle Vollmachten für eine fast totale Mobilmachung enthält. Das Notstandsgesetz gibt sich den Anschein einer endgültigen Souveränitätserklärung und spricht damit einen schon nicht mehr verkappten Nationalismus an, während in Wahrheit über den § 80a 3 die NATO mitten im Parlament mit drinsitzt. Die verschiedenen Fassungen mit ihren vielen Verweisungen bilden ein Dickicht von Undurchschaubarkeiten. Hinzu kommt die nicht nur peinliche, die schon verdächtige Hast, mit der das Gesetz nun verabschiedet werden soll. Ein Gesetz ist so gut oder so schlecht wie die Dehnbarkeit oder Nichtdehnbarkeit der Begriffe, die es verwendet. Es sind in diesem Dickicht von Verweisungen und Paragraphen Formulierungen versteckt, die mehr als nur bedenklich sind. Es sind die *entscheidenden* Formulierungen, weil sie den ganzen Apparat der Notstandsgesetze auslösen. Ich nenne die wichtigsten: Spannungsfall, bei drohender Gefahr, Zustand äußerer Gefahr, militärisch bewaffneter Aufstand. Wenn ich frage: »Was ist ein Spannungsfall?«, so ist das keine rhetorische Frage. Der Bau der Mauer in Berlin war ein klassischer Spannungsfall. Wie hätte eine Bundesregierung, ausgestattet mit den Vollmachten dieser Notstandsgesetze, reagiert? Was Berlin selbst betrifft, kann sie ja gar nicht reagieren, aber was hätte ein solches Gesetz in der Bundesrepublik alles auslösen können, und welche Wirkung hätte das auf den Notstand Berlins gehabt? Was ist »drohende Gefahr«? Bedroht sind wir immer. Was ist »Zustand äußerer Gefahr«? Was ist eine »Ausbildungsveranstaltung zur Vorbereitung auf Dienstleistungen«? Was sind »militärisch bewaffnete Aufständische«? Man könnte stundenlang über die Dehnbarkeit solcher Begriffe diskutieren und meditieren.

Ein Gesetz ist außerdem so gut oder so schlecht wie die Regierung oder das Parlament, von denen es angewendet wird, und es bedarf wohl keiner besonderen prophetischen Begabung, um für die Bundestagswahl 1969 einiges Finstere vorauszusehen. Ob nicht die Ablehnung dieser Gesetzesvorlage für die SPD die letzte Chance ist, sich aus der tödlichen Umarmung zu befreien und sich bis zur nächsten Wahl zu erneuern? Sollten die Gesetze so, wie sie jetzt vorliegen, verabschiedet werden, mit all den darin versteckten Dehnbarkeiten, mit diesem ominösen »gemeinsamen Ausschuß«, der mir wie eine Zusammenlegung von Exekutive und Legislative erscheint, dann würde das die Aufhebung einer Grundvoraussetzung der Demokratie bedeuten. Dieses Gesetz kann innenpolitisch mißbraucht werden, es lädt geradezu dazu ein, jede aufflackernde außerparlamentarische Kritik, jede politische Bewegtheit außerhalb des Parlaments unter den Begriff »drohende Gefahr« einzuordnen. In einem Gesetz, das man zur Hand hat, liegt eine große Verführung. Ein solches Gesetz würde auch die Polizeibeamten in Situationen bringen, die ihnen nicht willkommen sein können. Ich habe noch eine geringe Hoffnung, daß es nicht zur Verabschiedung kommt, sonst würde ich nicht hier sprechen. Sollte es dazu kommen, so lassen Sie sich nicht zu gewalttätigen Aktionen hinreißen oder verleiten. Solche Aktionen wären politisch vollkommen sinnlos. Sie müssen alles neu bedenken, neu definieren, es gibt kein Modell, das zu übernehmen wäre. Sie müssen sich verständlich machen, so artikulieren, daß die Gesellschaft, die Sie verändern wollen, zum Gespräch gezwungen wird. Ein politisches Engagement, das nicht an materiell meßbare Interessen gebunden ist, versteht diese Gesellschaft einfach nicht. Wenn die Bauern aufmarschieren, symbolisch Minister an Galgen hängen und mit massiven Slogans für ihre Interessen demonstrieren, ist es, soviel ich weiß, noch nie zu Zusammenstößen mit der Polizei gekommen. Analysieren Sie die unterschiedliche Reaktion auf Studenten- und Bauerndemonstrationen in Presse, Öffentlichkeit und Parlament, dann kommen Sie dieser Gesellschaft auf die Spur. Nehmen Sie auch das, was als Schimpfwort gemeint ist: Radikalismus, als Ehrentitel an, gehen Sie, das ist der Sinn des Wortes Radikalismus, an die Wurzeln, denken Sie zurück bis 1945. Sie werden herausfinden, daß zwischen 1945 und 1950 die wichtigsten Privilegien verteilt worden sind. Eine Zeitungslizenz war weit mehr als im Mittelalter ein Herzogtum. Es wurden weitere Privilegien bei der Währungsreform verteilt. Es herrscht ein schwer nachzuweisender, aber vorhandener Unterstrom von Feudalismus in diesem Land, und zweifellos muß dieser Zustand verändert werden, aber es ist politisch sinnlos, diese Verfestigungen und Verstrickungen mit Gewalttätigkeit lösen zu wollen. Die Lösung dieser Notstände sollte die Gesetzgeber beschäftigen. Der fiktive Notstand, der durch die Notstandsgesetze geregelt werden soll, ist durch Gesetze nicht regulierbar. Wenn wir für einen Augenblick annehmen wollen, Regierung und Parlament wären in ehrbarer, nicht in böser Absicht bemüht, die Gesetzgebung auf einen solchen Notstand gefaßt zu machen, so ist in jedem Falle dieser Entwurf unannehmbar; er benennt Zustände und Machtbefugnisse, die genau beschrieben werden müßten, in unklaren, bis zum äußersten dehnbaren Begriffen, und delegiert Macht an zukünftige Gremien, auf deren Zusammensetzung die jetzigen Gesetzgeber wahrscheinlich keinen Einfluß mehr haben werden.

Der Begriff der Legalität ist hierzulande vom Hauch des Ominösen umgeben. Es war kein Student, es war ein Bundesminister, der im Zusammenhang mit einer ernsten Verfassungsfrage den Ausdruck »etwas außerhalb der Legalität« geprägt hat. Das Grundgesetz wird als heilig erklärt, wenn die Amtszeit des Bundespräsidenten geändert werden soll. Sollten da diese schwerwiegenden Änderungen des Grundgesetzes so glatt über die Bühne gehen? Es ist eine letzte Chance für die SPD, diese Gesetze gemeinsam mit der Opposition zu verhindern und wieder zu sich zu kommen.

Dunkel und trickreich

Analyse und Kritik der Notstandsgesetze
Rede im Sendesaal des Hessischen Rundfunks am 28. 5. 1968

Es wird behauptet, die Öffentlichkeit sei über den Inhalt der Notstandsgesetze hinreichend informiert worden. Das ist eine Lüge, die durch ständige Wiederholung nicht zur Wahrheit wird. Die Fassung vom 4. 4. 1968 wurde nicht von einer Institution der Bundesregierung verbreitet, sondern am 22. 4. vom Kuratorium Notstand der Demokratie. Am 13. 5., zwei Tage vor der zweiten Lesung, wurde sie in der FAZ veröffentlicht. Wer außer den Abgeordneten des Bundestages konnte am Mittwoch, dem 15. Mai, als die zweite Lesung begann, wissen, welche Änderungen in der Nacht beschlossen worden waren? Und wer hätte dann noch Gelegenheit gehabt, sich durch einen Sachverständigen ein Blitzgutachten erstellen zu lassen? Es wird soviel von Sachverstand geredet, aber wer kann seinen Verstand an eine Sache wenden, die ihm nicht vorliegt. Ein solches Gesetz hätte in die Hände jedes Lehrers gehört und jedes Betriebsrats. In Köln operierte ein Stadtverordneter der CDU in einer Diskussion mit Schülerinnen mit der Broschüre der Notstandsgegner als der einzigen ihm zugänglichen Information. Ein solches Gesetz muß so überzeugend sein, daß es in einem demokratischen Staat keiner Tricks, keiner Verdunkelung bedarf, es durchzubringen. Es ist einfach ungehörig, die Bevölkerung vor eine beschlossene Tatsache zu stellen, bevor sie sich genau hat informieren können und die Gesetze hat kommentieren lassen. Die Frist zwischen der ersten und der zweiten Lesung ist eine unanständig kurze Frist. Steht der Notstand etwa vor der Tür? Es geht so dunkel und trickreich zu wie bei der Wiederaufrüstung, die uns die unselige Bundeswehr beschert hat. Um ein solches Gesetz zu verabschieden, sollte nicht eine große Koalition mißbraucht werden müssen.

Am 15. und 16. Mai habe ich die zwölfstündige Übertragung der Bundestagsdebatte gesehen. Es war ein Mammutschauspiel, kein gutes. Die Regisseure waren schlecht beraten; wäre wenigstens, wenn auch nur, um den Schein zu wahren, *ein* Änderungsantrag der Opposition angenommen worden; wäre wenigstens je *ein* Abgeordneter der SPD und CDU aufgetreten und hätte sein Gewissen erleichtert. Nichts derart. Es ging alles glatt, zu glatt.

Es ist schon schlimm genug, wenn die Differenz zwischen Legislative und Exekutive so minimal ist, wie es sich in diesen zwölf Stunden zeigte; es ist noch schlimmer, wenn dem Zuschauer nach der ersten Viertelstunde klar wird, daß alles schon beschlossen ist, daß die Gesetze durch sind, und er dann zwölf Stunden lang gespannt, aber vergebens darauf wartet, daß aus den Reihen der Koalitionsparteien, nicht der Opposition, der oder jener als Bremser auftrete, wie er in jedem, jedem demokratischen Parlament der Welt aufgetreten wäre. An diesen beiden Tagen hat sich die Demokratie keine gute Vorstellung gegeben. Immer wieder habe ich an diesen beiden Tagen das Wort Vertrauen gehört, immer wieder, aber ich habe in diesen zwölf Stunden nicht eine einzige Definition der Ausdrücke Spannungsfall und drohende Gefahr gehört. Wieviel Sachverstand hat ein Gesetzgeber, der die Auslösung einer ganzen Kette von Gesetzen an Situationen hängt, die er sich nicht vorstellen, die er nicht definieren kann.

Welchen Sachverstand hat ein Gesetzgeber, der ein Widerstandsrecht so formuliert, daß die düsterste aller Potenzen, der Volkszorn, sich dieser Gesetze bedienen kann; wieviel Sachverstand hat ein Gesetzgeber, der die harmlosen Vorbehaltsrechte der Alliierten gegen die eines wackeligen Militärbündnisses eintauscht, der im Zeitalter des Spitzels das Post- und Telefongeheimnis Denunzianten ausliefert, ohne daß die Betroffenen auch nur erfahren, daß sie bespitzelt worden sind.

Die geradezu schlüpfrige Hast, mit der nun die dritte Lesung dieser Gesetze veranstaltet wird, stärkt mein Vertrauen nicht. Ich möchte auch zu gern wissen, ob ich nun Vertrauen brauche oder Sachverstand, oder ob das eine das andere ausschließt. Es ist sehr schlecht um eine Demokratie bestellt, in der CDU für Regierung, Regierung für Staat, eine Partei also für den Staat genommen wird. In keiner anderen Demokratie der Welt gibt es solche Fehlidentifikationen; sie sind es, die diese Gesetze unannehmbar machen.

Notstandsnotizen
[1968]

Auf der Rednertribüne im Bonner Hofgarten unvermeidliche persönliche Erinnerungen: an langhaarige, ärmlich gekleidete, pathetisch ins Leere blickende George-Anhänger, die ich im Sommer 1937 dort auf Bänken beobachtete, wenn ich als Lehrling in der Mittagspause trocken meine Brote herunterwürgte; an abendliche Spaziergänge, ebenfalls im Jahr 1937, und an den Kriegsgefangenen B., der dort im Herbst 1945 aus der Gefangenschaft (und damit auch der deutschen Wehrmacht) entlassen wurde: ein Anfang voller Hoffnung.

Und ein Ende dieser Hoffnung im Mai 1968. Entgegen aller Vernunft hatte ich beim Sternmarsch tatsächlich die Hoffnung, die SPD wäre noch umzustimmen, noch zu retten; nicht die Illusion, die Hoffnung. In den Tagen nach dem Sternmarsch gab ich diese Hoffnung auf. Es waren die peinlichsten Tage in der Geschichte des deutschen Nachkriegsjournalismus, und es gab keinen Grund, die Springerpresse schlimmer zu finden als die andere. Ausnahmen – wie den ›Kölner Stadt-Anzeiger‹ – empfinde ich angesichts der fast totalen Gleichschaltung fast schon als störend, weil sie, mögen sie tatsächlich liberal sein, gleichzeitig die Funktion erfüllen, der Liberalität noch ein Alibi zu geben. Auch die vielen Anständigen in der SPD (möglicherweise gibt es sogar Anständige in der CDU oder gar in der CSU: bei Gott ist ja kein Ding unmöglich, und da die ja bekanntlich Gott auf ihrer Seite haben, warum sollte der ihnen nicht auch ein bißchen Anstand genehmigen!) sind ja nur das funktionalisierte Alibi, die ihr gutes Gewissen auch noch namentlich aktenkundig machen durften. (Oh, Günter Grass, ich laß die Retourkutsche unbespannt und unbemannt!)

Die Position der FDP war nach deren Position von 1965 denn doch zu peinlich. Außerdem gestehe ich: ich bin einfach FDP-blind; ich sehe ein paar gute Leute, sehr gute, in dieser Partei, aber die Partei sehe ich nicht. Mein Gott, was hat der Abgeordnete Dorn im Parlament während der beiden Debattentage büßen müssen. Das hat er nicht verdient, und trotzdem empfand ich überraschenderweise kein Mitleid mit ihm. Immer wieder wurde er bei den Debatten wie ein Schuljunge aufgerufen, angerufen, angeschnauzt, weil er das geradezu himmelschreiende

Verbrechen begangen hatte, im Bonner Hofgarten zu sprechen, wo man (man stelle sich das vor!) sogar *rote Fahnen* gesehen haben soll. Es ist wirklich die Höhe, daß ein Abgeordneter des Bundestages irgendwo spricht, wo man *rote* Fahnen sehen kann. Mein Gott, was ist das für eine Demokratie. Dabei hatten die Oberschnauzmichel Barzel und Schmidt ihre Katze doch im Sack. Konnten sie es denn nicht gut sein lassen, konnten sie nicht ein bißchen »gnädig« sein? Sie konnten nicht, keiner konnte. Ein schnöder Verein. Mit diesem Wort sind die Bundestagsdebatten über die Notstandsgesetze abgetan: Schnöd. *So* schnöde wäre Adenauer nicht gewesen: bei einer solch überwältigenden Mehrheit – und dazu noch mit der Gewissensreserve der namentlich bekannten Neinsager – hätte er wahrscheinlich ein bißchen Gnade walten lassen. Nein, nein, das Parlament ist nicht von außen zerstört worden; es hat sich von innen zerstört; es war wie ein Schießen mit Leuchtspurmunition: man *sah* förmlich, wie die Triumphblitze einschlugen, und der Vorsitzende Barzel mußte zum Schluß dann auch noch Fritz Erlers Leiche aufwärmen und der großen Koalition als Corpus (delicti oder Christi – ich weiß nicht, wofür ich mich entscheiden soll) präsentieren.

Besonders bemerkenswert war der Kommentar, den Rudolf Woller im Zweiten Deutschen Fernsehen gab: Er nannte die Bonner Veranstaltung »müde«; die Verwechslung von friedlich und müde ist nicht nur dumm, sie ist lebensgefährlich; nicht nur die jugendlichen Teilnehmer könnten Konsequenzen aus dieser Verwechslung ziehen. (Woller war's denn auch, der sieben oder acht Wochen später dem Kiesinger das servilste Interview genehmigte, das ich je auf deutschen Bildschirmen sah; zum Schluß wünschte er Kiesinger auch noch, was man ihm am wenigsten wünschen sollte: gute Erholung. Um Gottes willen: soll der sich auch noch erholen?)

Der Streit um die Anzahl der Teilnehmer am Sternmarsch auf Bonn war aufschlußreich: die Angaben schwankten zwischen 15000 und 70000; und wenn es 10000 oder 150000 gewesen wären, es wäre immer noch eine Mini-Minderheit gewesen, die dort protestierte. Da hocken also die beiden riesigen, miteinander verbündeten Parteien im Parlament, sind ihrer Sache vollkommen, aber auch ganz und gar sicher und müssen doch am Vortage des Sternmarsches noch, vom Funk und Fernsehen begünstigt, öffentlich kundtun, daß da obskure Elemente, hauptsächlich Kommunisten, ans Werk gehen, die Demokratie zu zerstören. Wer war da nun in der Position der »Hysterie«? Kein Sinn für Proportionen, kein Sinn für Minderheiten, und der Sinn für Minderheiten ist eins der Urelemente der Demokratie. Die Machtlosigkeit der etablierten Macht. Macht und Humor schließen einander nicht aus, aber Humor bewiesen in Bonn nur die Demonstranten. Es war eine heitere Veranstaltung (ein Freund nannte sie »irenisch«; er hatte recht). Bonn, dieses einst so hübsche und immer nur friedfertige Städtchen, gab sich humorlos, indem es brav den Direktiven des Innenministers folgte und sich in sein Kochnischchen verkroch. Bonn bewies seine Kaffigkeit, bewies, daß es seinen Glanz den Kurfürsten und den Preußen verdankt, eine Art rheinisches Potsdam ist. Königstreu, hohenzollerngefärbt, krippentreu.

Im Hintergrund immer die beiden Undiskutablen, die beiden Untragbaren und Unerträglichen: Lübke und Kiesinger.

Denkwürdige Erfahrung, die ich als inneren, nicht äußeren Abschied vom deutschen Nachkriegsfeuilleton buche: Früher, wenn ich irgendwo eine Rede zu halten hatte, war diese schon »verkauft«, lange bevor ich sie geschrieben oder gar gehalten hatte. Offenbar sind generelle Polemiken feuilletonistisch als Würze gegenüber dem politischen und dem Wirtschaftsteil interessant, aktuelle politische Reden, auch wenn sie sachlich sind, ganz und gar unerwünscht. Für bescheidene Menschen mag es schmeichelhaft sein, wenn man sich um ihre Reden »reißt«; für hochmütige ist es peinlich, wenn einer die Katze kauft, die man selbst noch gar nicht im Sack hat. So hat sich mein Hochmut bewährt und bestärkt: keine Zeitung hat mich um den Text der Bonner Rede gebeten, und ich habe sie keiner angeboten. Natürlich werde ich weiter für irgendwelche Feuilletons schreiben, der Hahn kräht ja auf seinem Mist, aber erst seit den Bonner Notstandserfahrungen weiß ich, daß ich auf dem *Mist* krähe. Besser noch, hier ein jüdisches Sprichwort in Erinnerung zu bringen: Rühr hin den Kot, rühr her den Kot, es bleibt doch immer Kot. Dieses Sprichwort läßt sich auch gut auf den organisierten, inthronisierten, ganz und gar unberechtigterweise teilweise als »links« bezeichneten *deutschen* Katholizismus anwenden; er hat sich nicht gerührt angesichts der Notstandsgesetze, nur im Parlament, und wie und durch wen! Es fehlte nur noch die Koppelschloßinschrift »Gott mit uns« über dem Thron des Bundestagspräsidenten.

Dabei müßte das Abhörgesetz für einen Moraltheologen doch ganz interessante Aspekte haben, da es ja doch die Telefonseelsorge und eine Art Telefonbeichte gibt: Wenn da mitten in der Nacht ein von Seelenqualen und Sündenlast geplagter Abgehörter einen Priester anruft und es schaltet sich der Abhördienst in diese Beichte ein, es wird die ganze Sündenlast auf Tonband aufgenommen, weil der Verdächtige ja auch politische Sünden beichten könnte, welche »theologische Situation« ergibt sich da? Oh, heiliger Nepomuk, streck ihnen doch wenigstens mal die Zunge 'raus!

Es bleibt nur das eine: zersetzen, zersetzen, zersetzen.

Zersetzung ist hier die einzig mögliche Form der Revolution. Mit Kiesingers Auf-tritt vor einem deutschen Gericht ist der *innere* deutsche Notstand permanent geworden; diese Auswechselbarkeit des gepflegten, ganz, ganz leicht süffisanten akademischen Airs! Der hätte genausogut Chefarzt, Oberstudiendirektor etc. etc. sein können. Er ist in die Partei eingetreten (ein bißchen früh, wie ich finde) *weder* aus Überzeugung *noch* aus Opportunismus! Das deutsche Wunder hat ein Brüderchen bekommen, sein Name: Kurt Georg Kiesinger, Beruf Rechtsanwalt, z. Z. Bundeskanzler. Mit dieser aktenkundigen Aussage des zur Zeit amtierenden deutschen Bundeskanzlers ist der deutsche Spießer endgültig salviert, rein wie Herrn Saubermanns Weste, auf die soeben jene Krähe zu scheißen ansetzt, die der anderen kein Auge aushacken wollte.

Nie mehr, nie mehr werde ich ausländischen Journalisten Auskunft darüber zu geben versuchen, wie das denn »in der Nazizeit so gewesen ist«, ich werde ihnen keine Auskunft darüber zu geben versuchen, falls ihre Regierungen diplomatische Beziehungen zur Bundesrepublik unterhalten, ihre Regierungschefs also potentielle Frühstückspartner von Herrn Kiesinger sind. Gegen *dieses* deutsche Wunder komme ich nicht an.

Die Frankfurter Notstandskundgebung war auch ein Ende. Das Ende der Resolutions- und der ›Spiegel‹-Demokratie; ein Abschiedsgesang, kein Abschiedstreffen; gut, richtig, wichtig, tröstlich zu wissen, daß »man nicht allein ist«, alles sehr schön: die APO der Etablierten, aber gegen die Physiognomie von Herrn Barzel richtet das nicht viel aus. Es wäre ein hübscher feuilletonistischer Abschluß für *diese* Etappe der Demokratie, wenn alle, auch die von Heuss dekorierten Bundes-Ordenträger, per Einschreiben ihr Spießer-Klimbimchen an Lübke zurückschickten.

Taceat Ecclesia

Kritische Anmerkungen zur päpstlichen Enzyklika ›Humanae Vitae‹

[1968]

Die Enzyklika ›Humanae Vitae‹ könnte sich schon bald als ein Dokument der Befreiung für die römischen Katholiken erweisen. Sie wird als nicht unfehlbar bezeichnet; das bedeutet – nimmt man die doppelte Negation weg –, als fehlbar. Gleichzeitig wird Unterwerfung unter den sogenannten Glaubensgehorsam verlangt: eine blinde Hinnahme als fehlbar bezeichneter Ratschläge. Ihren Inhalt zurückzunehmen oder ihre Strenge in einem Nachtrag zu modifizieren, das würde bedeuten, den Pleitegeier der Unglaubwürdigkeit endgültig als vatikanische Flagge zu hissen. So wird die Enzyklika wohl eine Weile stehen bleiben, übergangen werden, und da die lächerliche, generationenlang praktizierte Drohung der »automatischen Exkommunikation« kaum noch schreckt, wird Ungehorsam den Weg der Befreiung ebnen. Der Ungehorsam ist unausbleiblich, *nicht, weil es hier gegen die Pille geht,* sondern weil die Enzyklika wieder einmal ein Ausdruck kirchlicher Verkennung jenes äußerst komplizierten Vorgangs ist, den man groberweise Geschlechtsakt nennt. Dieser Verkennung ist die Folge einer allzu lange praktizierten Schnödigkeit der römischen Kirche gegenüber der geschlechtlichen Liebe, vor allem gegenüber der Frau, die geschaffen wurde, damit der Mensch eine Gefährtin habe und nicht allein sei. Das grobe deutsche Wort Geschlechtsakt drückt eine Unzahl individuell verschiedener Zärtlichkeiten nicht aus, die vorauszusetzen und nicht alle körperlicher Art sind. Das Wort ist so ungalant wie alle kirchlichen Äußerungen über die Frau, die als Ehepartnerin bestenfalls wie eine verhinderte Madonna erscheint. Vor dem Sündenfall verkündete der Vatergott des Alten Testaments: »Wachset und mehret euch«, nach dem Sündenfall wurde der Mann zur Arbeit verflucht, in die Verfluchung der Frau aber wurde das Kindergebären ausdrücklich mit einbezogen. »Viel Mühsal werde ich dir bereiten, oft wirst du schwanger sein.« Und äußerst ungalant fügte der Vatergott hinzu, was Gentlemen wissen, aber selten aussprechen: »Und dennoch verlangt dich nach dem Manne.«

Jesus Christus dagegen, Sohn, Bruder und Mensch, war –

einen Fall ausgenommen, in dem er ausgerechnet gegen seine Mutter ungalant war – nachweisbar ausgesprochen galant. Es gab einige Frauen in seinem Gefolge, auch ehemalige Sünderinnen, aber Jesus Christus war von unnachahmlicher Galanterie auch gegen Sünderinnen, die nicht zu seinem Gefolge gehörten. Das äußerste, was er zu einer von ihnen, wahrscheinlich mit sanfter, höflicher Stimme, sagte, war: »Gehe hin und sündige nicht mehr.« Verglichen mit der Galanterie Christi ist die Sprache der Enzyklika ›Humanae Vitae‹, in der viel von der Frau gesprochen wird, langweilig, trocken, im eigentlichen Sinne des Wortes ausdruckslos, weil sie nirgendwo den Mut zeigt, der endlich, endlich notwendig wäre, um galant jene unumstößliche Tatsache anzudeuten oder gar auszudrücken, daß auch die Frau ein Geschlecht hat. Daß es ein Verlangen des Mannes nach der Frau gibt, werden die männlichen Verfasser der Enzyklika ja wissen (so ganz sicher bin ich da auch nicht), aber wissen sie auch, haben ihre Vorgänger je gewußt, daß es ein Verlangen der Frau nach dem Manne gibt?

Wenn ich da zum Beispiel von jenen »Akten« lese, »durch die sich die Eheleute in keuscher Liebe vereinigen«, so wird mir bang, gerade weil ich Keuschheit nicht für eine lächerliche Fiktion halte. Was mag das wohl sein: eine keusche Vereinigung der Eheleute, und was erst mag das mit einer solchen Formulierung vorausgesetzte andere sein: eine unkeusche Vereinigung der Eheleute? Eine solche Bezeichnung ist ganz einfach eine Beleidigung auf dem Umweg der Verkennung. Rührend ist auch, wenn sie auch ein ganz klein wenig zu spät kommt, die Sorge der Kirche um das »physische und psychische Gleichgewicht der Frau«. Abgesehen davon, daß mir die Sorge um das dritte Element, das spirituelle Gleichgewicht der Frau, zu fehlen scheint – ich sehe da ganze Heerscharen psychisch, physisch, spirituell und nervlich ruinierter, modisch ausgedrückt: frustrierter, freud- und glückloser Frauen, die im Laufe der Kirchengeschichte rücksichtslos auf dem Altar der bürgerlichen Ehe geopfert worden sind, während ihre ungalanten Herren, Gebieter und Meister sich brutal, »keusch« und völlig legal an ihnen vergingen oder sich anderswo »unkeusche« Freuden besorgten. Die verrückte, zölibatäre Vorstellung von keuscher (also auch unkeuscher) ehelicher Liebe, die vollkommene Negierung der Tatsache, daß auch Frauen, pardon: Damen, ein Geschlecht haben, erscheint mir als ein so gewaltiger Irrtum über die gebrochene Natur des Menschen, daß der Vergleich mit dem Fall Galilei, dem ein Irrtum über die Natur des Kosmos zugrunde lag, getrost vollzogen werden kann. Daß es gar zur Freude des Ehemannes gehören könnte, die Geschlechtlichkeit der Dame vorauszusetzen und zu respektieren, mit der er sich zu vereinigen gedenkt, ist wahrscheinlich des Fluches jener (zumindest latent homoerotischen) Krypto-Kirchenväter Platon und Aristoteles würdig und jenes anerkannten Kirchenvaters Augustinus, der als bekehrter Lebemann auf literarisch respektablem Niveau sich in brillanter Dialektik seiner Sünden erinnert, sich ihrer so noch einmal erfreut, bevor er endgültig sich zur Keuschheit bekennt.

Möglicherweise wollten die Herren im Vatikan an peinliche, intime Dinge nicht rühren; aber dann hätten sie doch nicht über die Ehe schreiben sollen und sich den Wahlspruch auferlegen sollen: Taceat Ecclesia! Vielleicht wollten sie auch nicht in Erinnerung bringen, daß Kindergebären auch ein Teil der Verfluchung ist, und gewiß wäre es zuviel verlangt, den Herren im Vatikan den Gedanken nahezulegen, daß nicht nur der Ausdruck keusch (der unkeusch ja impliziert) eine Beleidigung aller Eheleute ist, sondern möglicherweise gar eine erlöste, eine christliche Geschlechtlichkeit auch eine – wenigstens teilweise – Befreiung der Frau als leidtragender Gefährtin des Mannes bedeuten könnte. Wie die Eheleute sich befreien, ist ausschließlich eine Sache der erotischen und sexuellen Ästhetik, und diese Lektion hat die römische Kirche in permanenter Verkennung des Geschlechtlichen endgültig versäumt. Als unästhetisch empfinden offensichtlich die meisten Eheleute jene widersprüchlicherweise erlaubte Methode der Befreiung. Höfliches Schweigen wäre eine Reverenz vor den Damen gewesen, die als Ehefrauen im Lauf der Kirchengeschichte immer Opfer höchst ungalanter, weil unwissender Männer gewesen sind. Den Maitressen gegenüber war man wohl immer galant, daß man es auch Ehefrauen gegenüber sein kann, scheint nur im Ausnahmefall zu gelten. Katholische Eheleute haben nach einer Entscheidung verlangt, wahrscheinlich aber auf eine Entscheidung für die Pille gehofft. Nun sind sie die armen Opfer jener versäumten Lektion in erotisch-sexueller Ästhetik und eines falsch gelehrten, falsch verstandenen, falsch praktizierten Gehorsams, sitzen in der Falle, die sie dem Papst gestellt haben. Er hätte besser geschwiegen, aber da er und da er so gesprochen hat, fehlbar und doch Gehorsam verlangend, hat auch er den Weg zur Freiheit gezeigt für alle, die die Ehe nicht als Falle akzeptieren wollen, in die sie gelockt worden sind. Hier ist nur ein Aspekt der Enzyklika behandelt: der der Verkennung des Geschlechtlichen in der ehelichen Liebe, die ja nicht – was merkwürdigerweise vorausgesetzt zu werden scheint – freudloser zu sein braucht als die außereheliche. Die Enzyklika hat noch zahlreiche andere Aspekte: soziale, ökonomische, politische Aspekte mancher Art. Auf eine humane, taktvolle Weise spricht der sowjetische Professor Sacharow fast die gleichen Aspekte an, die der Papst nur streift. Mir scheint, in Sacharows undogmatischem Manifest wird weniger verkannt als in der päpstlichen Enzyklika.

Der Panzer zielte auf Kafka
Vier Tage in Prag
[1968]

Es war hörbar, sichtbar, greifbar und doch nicht zu fassen. Jemand klopfte Mittwoch früh an die Tür unseres Hotelzimmers und rief: »Wir sind besetzt.« Im ersten Augenblick dachte ich, er wolle eine Verabredung absagen, und fand Stunde und Art der Mitteilung etwas ungewöhnlich; die Stimme klang auch zu bewegt, als daß die Mitteilung konventioneller Art hätte sein können. Bevor wir noch recht begriffen hatten, hörten wir die ersten Schüsse, und das »Wir sind besetzt« bekam seine wahre Bedeutung. Die Schüsse waren scharf, und es waren viele, sie trieben uns 23 Jahre und einige Monate zurück. Die Schüsse erklärten deutlich: Europa hat keinen Frieden, es lebt im Zustand unterschiedlicher Waffenstillstände, hier wurde ein Waffenstillstand gebrochen, in Prag.

Mit der Erinnerung an Maschinengewehre und Bordkanonen, die in Straßen schossen, kamen auch gleich die instinktiven Schutzhandlungen: vom Fenster weg, Deckung suchen, im Flur, im Badezimmer. Wie gut das noch saß. Der Hotelhof war zum Wenzelsplatz hin offen, die Schüsse klangen nah. Irgendwo zersplitterte Glas, irgendwo, wenn auch abgeschwächt, kommt ein jedes Geschoß ja an und aus.

Der Junge wollte sofort hin, und wir ließen ihn gehen. Er suchte nicht Abenteuer und Sensation, aber er *mußte sofort* dorthin. Wir begriffen das und ließen ihn gehen, ohne Angst, aber mit Bangen. Ein wenig später gingen wir auch, trafen ihn und blieben zusammen. Zwei Tage lang schmerzten ihm die Ohren. An seinen Ohren vorbei hatten die sowjetischen Soldaten in der Nähe des Funkhauses in die Luft geschossen. Möglicherweise war er dem einen oder anderen von ihnen in Moskau, Leningrad oder Tiflis auf der Straße begegnet, im Theater oder im Kino, oder bei Riga am Strand. Nun schossen sie in Prag an seinen Ohren vorbei in die Luft und nicht nur in die Luft. Nein, das war kein Kino, kein Fernsehen, es waren keine Dreharbeiten, keine Komparsen, es waren Soldaten in Aktion, und sie zerschossen jegliche Sentimentalität; die Sowjetregierung ließ hier Sympathien zerschießen.

Um das Wenzelsdenkmal, vor dem Museum, entschied sich

am Mittwoch das Schicksal der Tschechoslowakei. Politiker denken wohl immer dualistisch: Unterwerfung oder bewaffneter Aufstand. Das erste wäre ihnen am liebsten gewesen, das zweite hatten sie wahrscheinlich einkalkuliert, das dritte hatten sie nicht erwartet: permanenter, geschlossener Widerstand, unbewaffnet.

Diese dritte Kraft, oft schon gedacht, wurde am Mittwoch, dem 21. August 1968, in Prag geboren und wuchs innerhalb von vier Tagen zu einem Riesen heran. Sie war hörbar, sichtbar, greifbar und doch nicht zu fassen; sie war neu und machte vieles neu; sie war voller Leidenschaft, Kraft und Phantasie. Die sowjetischen Politiker gegenwärtiger Prägung werden sie nie zu fassen kriegen. Ob es möglich gewesen wäre, sofort abzuziehen und die brutale Aktion als »bösen Traum« zu hinterlassen? Es war die Bankrotterklärung der sowjetischen Diplomatie, des Geheimdienstes und des Moskowitismus. Aus jeder Stunde der unfaßbaren Anwesenheit von Panzern wurde ein verlorenes Jahr Vertrauen, und so war gegen elf Uhr abends ungefähr der Vertrauensstand des Jahres 1953 erreicht.

Es war bravourös, wie die jungen Leute mit der tschechoslowakischen Flagge auf die Panzer sprangen, einfach mitfuhren und »Dubček, Dubček, Svoboda!« riefen. Wenn sich die Panzerbesatzungen nach innen verkrochen, die Lukendeckel schlossen, öffneten die Jungen die Lukendeckel und holten die da unten aus ihrem »elfenbeinernen Turm« heraus, um sie der unsentimentalen Wirklichkeit zu konfrontieren – und um mit ihnen zu diskutieren. Es kam ihnen zustatten, was manche von ihnen mürrisch hingenommen haben mögen, Kenntnis der russischen Sprache und dialektische Schulung, und ich denke, ich hoffe, sie leiteten Zersetzung ein. Diese dritte Kraft war neu und machte vieles neu: Wenigstens eine Fahne in Europa bekam wieder einen Sinn, hier wurde das entleerte Wort Freiheit wieder gefüllt. Sogar Denkmäler wurden wieder erträglich. Und das Evangelium der Demokratie wurde verkündet.

Hin und wieder wandten die eingeklemmten Panzer eine böse Waffe an: Sie gaben auf der Stelle Vollgas, Benzinschwaden zogen wie blauer Nebel über den Wenzelsplatz. Demonstrativ fuhren die Panzer in Kolonnen durch Nebenstraßen, quetschten Autos an die Wand, zerkleinerten Bordsteine und Verkehrsinseln zu Schotter. Ihre böse Botschaft hätte lauten können: Die Dummheit der Waffen siegt.

Im Hotel lief alles weiter, als wäre »nichts geschehen«. Die Kellner blieben höflich, zeigten nur selten Ansätze zur Nervosität, auch wenn das Echo von Schüssen in den Hof klang. Ein Kellner sagte, als am Nebentisch jemand Weißwein verlangte: »Es gibt nur noch *roten*«, und das klang, als könnte er für eine Weile Rot nicht sehen. Im überfüllten Hotel blieben die Gäste ruhig. Kein Anzeichen von Panik. Es mag das geschlossene Selbstvertrauen der Bevölkerung gewesen sein, das die Gäste beruhigte.

Journalisten waren »in ihrem Element«. Waren sie? Ich dachte über den Unterschied zwischen Journalismus und Schriftstellerei nach; die beiden, die zwei in einem waren, Hemingway und Fontane, beides Kriegsberichterstatter, waren nicht hilfreich. Das eine scheint das andere nicht aus-, aber noch wenige einzuschließen. Ein Journalist sagte mir, ich hätte Glück gehabt. Ich fand: nein. Ich hätte gern auf dieses Unglück verzichtet.

Es blieb unfaßbar. Noch drei Tage später hielt uns abends spät auf dem Wenzelsplatz ein blasser junger Mann mit Brille fest, führte uns zu den Panzern, die vor der Redaktion von »Práce« standen, schüttelte den Kopf, hob ohnmächtig die Fäuste, trommelte gegen ein Geschützrohr, murmelte weinend immer wieder: »Je suis Communiste. Je suis Communiste.« Er entschuldigte sich, weil er ein wenig »ivre« sei. Es war deutlich zu riechen, daß er an Brennspiritus genippt hatte.

Es gab keinen Alkohol in der Stadt. Alle Kneipen, Cafés, Restaurants, Kirchen, Museen, Kinos, Theater waren geschlossen. Wer das strikte Alkoholverbot erlassen und durchgesetzt hat, sollte den Friedensnobelpreis bekommen. Er hat das Heil der Tschechen und Slowaken nicht retten können und hat doch Unheil verhütet. Ein paar hundert Betrunkene in der Stadt, und der permanente Siedepunkt wäre nicht zu halten gewesen. Aus der permanenten Konfrontation wären kämpfende Fronten geworden. So blieb die Wut kalt, blieb diese heilige, hungrige, verzweifelte Nüchternheit. Schwejk starb in diesen Tagen auch am Biermangel. Hus war präsent.

Die Tschechoslowaken wollten ihren Kommunismus in beiderlei Gestalt: sozialistisch und demokratisch. Wie Rom die Katholiken für Jahrhunderte schnöderweise aufs trockene Brot verwies, verwies der Moskowitismus hier die Tschechoslowaken auf die Dürre des einen und einzigen Sozialismus.

Es war ein großes Dauerkonzil, bei dem die Verantwortlichen fehlten, nur die Betroffenen einander konfrontiert waren. Sie waren beide wirklich betroffen: die Bevölkerung und die sowjetischen Soldaten. Das Böse des Vorgangs: zwei historisch unschuldige Gruppen wurden zu gegenseitiger Unmenschlichkeit gezwungen. Beide gläubig, beide tief in ihrem Vertrauen verletzt, durften sie miteinander möglicherweise Mitleid haben, aber es keinesfalls praktizieren. Das Undenkbare: Verbrüderung gegen die Brutalität der Aktion, das wäre der Geist der Revolution, wäre die wahre Rettung vor der Konterrevolution gewesen, und gäbe es dantoneske sowjetische Marschälle – aber die meisten sind wohl doch Napoleoniden.

Es war ein imperialer, hegemonialer Akt, doch die sowjetischen Soldaten wirkten nicht imperial. Ich habe sehr vielen von ihnen ins Gesicht gesehen: Es war ihnen nicht wohl, nicht einmal andeutungsweise so wohl wie einst den deutschen Soldaten, als sie in Prag und in Paris einmarschierten. Mögen sie erzogen sein, an die Unfehlbarkeit des Kreml zu glauben (ich zweifle daran, daß diese Erziehung »geglückt« ist), zum Imperialismus erzogen sind sie nicht. Sie hatten die Wahl, verrückt zu werden oder Selbstmord zu begehen, und ich frage mich, was in Menschen vor sich geht, die drei Tage lang vor dieser Wahl gestanden haben.

Die dritte Wahl, zu desertieren, hatten sie nicht. Es hätte sie keiner aufgenommen. Ein Soldat, der die Wahl der Desertion nicht hat, kann sich nur an seiner Waffe festhalten. Sie waren weder strahlende Sieger noch überzeugte Okkupanten, sie waren in einer unmenschlichen Position – wie die Prager Bevölkerung, die ihnen »an sich« vielleicht Tee, Brot, Wasser angeboten und ihre Toiletten zur Verfügung gestellt hätte. Hier gab es kein »an sich« mehr, es war alles konkret. Und es war notwendig. Zweimal sah ich, wie sowjetischen Soldaten in heftiger Diskussion Zigaretten angeboten wurden; sie nahmen sie an, und im Annehmen lag mehr Menschlichkeit als im Anbieten, das kein Zeichen von Brüderlichkeit war, eher Diskussionshabitus. Außerdem ist eine Zigarette etwas anderes als ein Stück Brot; sie ist ein Stück Nichts, und Brot ist immer noch *auch* ein Zeichen.

Eine alte Dame führte ihren Hund spazieren, ein sowjetischer Soldat lockte ihn, wollte wenigstens von einem Hund »Menschlichkeit« erfahren; die alte Dame pfiff ihren Hund zurück, nicht einmal er sollte kollaborieren oder fraternisieren. Es war nicht Grausamkeit, es war konsequenter Realismus, es war nicht überlegt, es war selbstverständlich. So hart gegeneinander können nur Unschuldige sein. Schuldige finden immer einen Umweg, einander ihre Korruption als scheinbare Menschlichkeit zu bezeigen, die in Wahrheit Sentimentalität ist. Die Gefangennahme eines Generals ist im Normalfall dann eben doch ein Akt unter Gentlemen. Betroffene Unschuldige können sich diesen Luxus nicht leisten und werden grob, weil sie alles am eigenen Leib erfahren.

Im Ausnahmezustand gibt es keine Ausnahmen. Ich denke, das ist erstmalig und mit unerbittlichem Realismus in diesen vier Tagen in Prag geübt und ausgeübt worden. Demokraten denken privilegienfrei. Das Demokratische muß den sowjetischen Soldaten besonders fremd gewesen sein; ihre Gesellschaft, auch ihre Armee, ist eine Privilegierten-Gesellschaft – wie unsere, die sich auf dem Umweg über die »Prominenz« ihren neuen Adel kreiert und den alten weiterhin anbetet.

Prag war im Ausnahmezustand, und die Bevölkerung nahm auch sich selbst nicht aus. Niemand beklagte den Biermangel, das Schlangestehen. Freunde boten uns zu essen an, weil sie fürchteten, wir könnten im Hotel Mangel leiden, während absurderweise dort die Kellner am Abend des zweiten Tages sich entschuldigten, weil es nur noch vier Vorspeisen gab, am Abend des dritten Tages nur noch eine: gefüllte Tomaten mit Lachs. Das Umgekehrte, aus dem Hotel Essen nach draußen bringen, wäre am Stolz der Menschen gescheitert.

Ja, sie waren stolz, auch dieses Wort wurde neu geschaffen. Der Irrsinn privilegierter Existenz in einem Luxushotel wurde ohne Murren und Neid respektiert, und gleichzeitig wurden die Fremden, die Touristen, dadurch auch ausgeschlossen. Es hätte doch nahegelegen, wäre keineswegs unvernünftig gewesen, die eine oder andere Hotelküche im Einverständnis mit Direktoren, Köchen, Kellnern zur Versorgung der dritten Kraft zu beschlagnahmen. Aber es war eben keine Revolution, also auch keine Konterrevolution. Fremde blieben aus- und in ihre Privilegien eingeschlossen. Es war der stolze, heilige, demokratische, nüchterne, geschlossene Widerstand von Realisten, einzigartig in Europa, einmalig in der Geschichte.

Selten einmal, daß Nicht-Hotel-Gäste erschöpft von der Straße hereinkamen, sich in der Halle ausruhten, etwas tranken. Im Hotel gab es Alkohol jeglicher Art. Ein tschechischer Dichter trank seine Flasche Pilsener schluckweise, weder pathetisch noch genüßlich, er trank realistisch, sakramental, feierlich. »Die Ironie ist tot«, sagte er, als er sich verabschiedete. Der Schwejk in seinen Augen war erloschen.

Vor Kafkas Geburtshaus stand ein Panzer, das Rohr auf die Kafka-Büste gerichtet. Hier auch wurden Symbol und Wirklichkeit kongruent.

Ein betrunkener Arbeiter torkelte an der Hoteltreppe vorbei

und schrie: »Der Kommunismus ist tot. Sie haben den Sozialismus nicht gerettet, sondern zerstört.« Er wurde umringt und in Sicherheit gebracht. Offenbar bestand die Absprache, einzelne Betrunkene mit sanfter Gewalt sicherzustellen. Der Siedepunkt blieb permanent, die dritte Kraft hatte gesiegt.

Und immer wieder, immer wieder die Frauen und Mädchen, die mit den sowjetischen Soldaten diskutierten und auf sie einredeten, blaß, schön vor Zorn und Mut, energisch und entschlossen. Ja, es gab sie, die *Pragerin*, und da nun Denkmäler wieder einen Sinn haben, wird man ihr eines Tages eins setzen, ich hoffe in Prag. Sie ist blond, schmal, leidenschaftlich, ganz und gar unfanatisch und doch glühend, und sie ist Realistin, Demokratin. Sie will leben, nicht unter dem Kapitalismus, nicht unter der Herrschaft dogmatischer Dürre und Blindheit; ihr Realismus ist irdisch. Ich wünschte ihren Augen Laserstrahlen.

In der Hotelhalle klärte mich jemand über die Dialektik der Humanität auf, über die Schonung krimineller Stalinisten, mit denen erst auf dem Parteitag im September abgerechnet werden sollte. Auch die Mörder unter ihnen wurden nicht etwa mit etwas so Grobem wie Samthandschuhen angepackt – sie wurden mit milden Wattebäuschen ganz vorsichtig abgetupft, damit ihnen nur ja keiner wehtue. Eine blasse blonde Pragerin am Nebentisch sagte laut: »Sie haben noch immer keinen Quisling gefunden.« »Übrigens«, sagte mein Gesprächspartner, »waren 1956 in Ungarn keine tschechoslowakischen Truppen.« Er sprach weiter über die katholische Kirche in der ČSSR, die sich nun nach Jahren der Unterdrückung mit einem KP-Regime solidarisiere, besitzlos zu bleiben gedenke und *nicht* rückwärts auf vergangenen Feudalismus schiele. Konterrevolution?

In vier Tagen und vier halben Nächten auf der Straße, im Hotel, am Telephon, in Wohnungen hörte ich nicht ein Wort, das diesen Vorwand gerechtfertigt hätte. Natürlich, wer glaubt, in Moskau werde bestimmt, was Sozialismus sei, der mag sich dem Dogma der Unfehlbarkeit des Zentralkomitees beugen. An dem Tag, an dem die Konferenz von Čierna begann, wurde in Rom die Enzyklika ›Humanae vitae‹ veröffentlicht. Es wird bald Katholiken geben, die sich um den Vatikanismus nicht mehr scheren, und ich hoffe, die westlichen Kommunisten werden sich öffentlich, viele östliche wenigstens heimlich nicht mehr um den Moskowitismus scheren.

In der Wohnung eines alten Partisanen hörte ich die Geschichte jenes deutschen Kommunisten Heinrich, der im Krieg mit dem

Fallschirm zu tschechischen Partisanen absprang, 24 Jahre später, im März 1968, in der Uniform »derer, die wir gemeinsam bekämpft haben«, nach Prag kam und seine Unterstützung gegen die Konterrevolution anbot. Sein Hilfsangebot wurde dankend abgelehnt. »Nun wird er wohl irgendwo vor der Stadt sitzen und warten. Wenn er zu mir kommt: Ich kenne ihn nicht mehr.«

Am dritten Morgen brachte der Kellner unaufgefordert jedem von uns zum Frühstück zwei Eier. Er sagte so ungefähr: »Nehmen Sie und essen Sie, wer weiß, was heute mittag oder morgen ist.« Dieses unverhoffte Eier-Angebot war auch ein Ausdruck jenes sakramentalen Realismus, der keinen Unterschied zwischen Symbol und Wirklichkeit mehr kennt. »An sich« hätten die Kellner uns mit Recht als völlig überflüssige Schmarotzer und Zuschauer behandeln können, aber es gab eben kein »an sich« mehr, deshalb auch keine idealistische Gereiztheit. Wir waren Menschen und hatten ein Recht auf ein Frühstück. Nirgendwo ein Anzeichen von Untertänigkeit, nur höfliche Selbstverständlichkeit.

Die jüngeren Kellner und die Boys sahen, wenn sie ihre Fräcke und weißen Kittel auszogen, genauso aus wie die jungen Leute, die draußen auf Panzer sprangen, Flugblätter und Zeitungen verteilten, die Panzer auspfiffen und mit ihren Mopeds umherbrausten. Sie *waren* diese jungen Leute, sie hätten genausogut Studenten, Arbeiter, Journalisten, Schauspieler, Fotografen sein können. Ich glaube, nirgendwo und noch niemals in Europa war eine Nation so nah an der Demokratie.

Ich fragte einen kommunistischen Funktionär nach zwei bösartigen Funktionären des Schriftstellerverbandes, die ich im Jahre 1961 kennengelernt hatte. »Sie sind«, sagte er, »und das ist wiederum die Dialektik unserer demokratischen Humanität, zwischen Januar und Juni die Treppe hinaufgefallen. Nun hokken sie in ihren Wohnungen, halten sich versteckt, wagen sich nicht nach draußen, lauern. Jetzt wird mit ihnen keiner mehr sprechen. Bisher haben wir sie geschont. Würde man den einen oder anderen von ihnen an Goldstückers Stelle zum Präsidenten des Schriftstellerverbandes machen, sie würden vor leeren Bänken tagen – nur ein paar Kreaturen würden sich vielleicht einfinden, aber selbst Kreaturen müssen sich jetzt sorgfältiger verstekken als unsere legalen Geheimsender.«

Am Abend des dritten Tages bekamen die sowjetischen Soldaten das schlimmste zu spüren: Spott, den sie nicht heimzahlen konnten. Am Gebäude einer Versicherungsanstalt die Inschrift:

»Hier können sowjetische Soldaten leider nicht gegen Beleidigungen versichert werden.« Fingierte Briefe auf Plakaten: »Lieber Iwan, komm rasch nach Hause, Natascha schläft schon mit Kolja.« Böser noch: »Lieber Iwan, Väterchen hat die Filzstiefel vertrunken, Onkelchen ist vom Bären gefressen worden, komm rasch nach Hause, deine Mama.«

Feldküchen rumpelten im Dunkeln durch die Straßen. Es war der Abend, an dem in Prag plötzlich alle Straßen-, alle Nummern- und alle Namensschilder entfernt wurden. Es ging rasch, die Parole ging von Haus zu Haus, und sie wurde sofort ausgeführt. Ich war in einer Wohnung abends gegen sieben, als ein Hausbewohner die Parole durchsagte, und der Wohnungsinhaber ging sofort hinaus, schraubte sein Namensschild ab und warf es in der Garderobe auf einen Tisch. Nur an Kafkas Geburtshaus und an den Straßenecken in der Nähe sah ich am folgenden Tag noch Nummern und Schilder. Die Panzer standen zu nah.

Das Hauptgesprächsthema unter Intellektuellen: bleiben oder nicht. Das Wort Emigration war verpönt, es war auch nicht angebracht. Wer 1933 aus Deutschland emigrierte, hatte die Straße und die Nachbarn zu fürchten. In Prag war die Demokratie auf der Straße geboren, und Nachbarschaft war die zuverlässigste Stütze der Demokratie.

Kein Verhaftungsgerücht wurde bestätigt, und doch: wie weit würden sie gehen, was würde noch kommen? Sichtbar und greifbar stand der Stalinismus vor der Tür. Seine Methoden waren nicht vergessen. Würden Dubček, Svoboda und Černik es dulden? Noch ahnte keiner, was *sie* hatten erdulden müssen. Das Vertrauen in sie war ungeschwächt, aber was und wieviel würden sie wie lange durchhalten können? Politik hinter verschlossenen Türen, wenn Panzer an allen Straßenecken, vor allen Ministerien, Redaktionen, vor Rundfunk- und Fernsehgebäuden stehen? Beides undenkbar: eine ganze Nation zum Selbstmord aufzufordern und Kompromisse zu schließen. Neu war die Situation, neu war die dritte Kraft, die auch die »Heimkehrer« in ihrer Geschlossenheit überraschen würde. Wie würde eine Politik hinter verschlossenen Türen mit dieser dritten Kraft zusammenkommen können?

Die Frage der Emigration blieb offen, sie wird noch eine Weile offen bleiben, weil die Situation neu ist, weil die Straße hinter den Intellektuellen steht und das Wunder möglich wäre, daß sie, die Straße, die Intellektuellen lieber draußen weiß als drinnen im Gefängnis. Und was geschieht mit Frauen, Kindern, Müttern,

Groß- und Schwiegermüttern? Vielleicht, vielleicht, vielleicht schlägt eine noch unsichtbare dritte Kraft die moskowitische Unfehlbarkeit entzwei, vielleicht, und wann, wann?

Das Denkmal für die Pragerin der ersten drei Tage wird vielleicht gegossen und erst einmal in die Moldau versenkt werden, auf die Brecht eines seiner schönsten Gedichte schrieb; aus der die sowjetischen Soldaten tranken, in der sie sich wuschen, sie, die »an sich« den Spott nicht verdient hatten.

Am vierten Tag ließen die sowjetischen Soldaten kaum noch mit sich reden, sie ließen sich nicht mehr filmen und photographieren. Die Sonne schien, und es war Samstag. Viele Prager gingen spazieren. Von morgens sieben bis abends acht waren wir unterwegs. Vor den Häusern lagen Listen aus, es wurden Unterschriften gesammelt für das neue, illusionäre Schlagwort Neutralität.

Wir erwischten ein Taxi und ließen uns an den »Sehenswürdigkeiten« vorbeifahren; es war wie ein schlechter Kulturfilm über Prag: Hradschin, Loreto, vom Stadion aus ein Blick auf Prag, am Belvedere vorbei, Panzer versperrten den Eingang, ins Getto, zur Synagoge, zum Faust-Haus; in der Nähe war die Ignatius-Kirche offen, wir gingen hinein. Der Taxifahrer war höflich, sprach deutsch und wußte Bescheid. So nebenher erzählte er, die Sowjet-Union schulde der ČSSR 450 Milliarden Kronen für Uran, die wolle Dubček jetzt haben, um die Wirtschaft zu sanieren, und *deshalb* stünden die Panzer in Prag. Ich wurde nervös, als er sehr knapp vor der abendlichen Panzerpatrouille über eine Kreuzung fuhr. Wir gingen zu Fuß weiter.

Das Hus-Denkmal am Altstädter Ring trug eine Augenbinde. Ein junger Mann, offenbar Westdeutscher und kein Journalist, wurde beim Photographieren erwischt. Ein sowjetischer Soldat kam quer über den Platz, vom Hus-Denkmal her, auf den jungen Mann zu, der unter den Kolonnaden stand. Der Soldat hielt ihm die Maschinenpistole vor die Brust und verlangte die Kamera.

Dem sowjetischen Soldaten war nicht wohl. Uns war auch nicht wohl. Ich hätte die Kamera sofort herausgerückt. Selbst bei der Chance 1 : 100000, daß er nicht schießen würde. Es hat so schnell einer, wenn auch nur aus Überreiztheit, den schwachen Druckpunkt einer MP durchgedrückt.

Ich riet dem jungen Mann, die Kamera herauszurücken. Er wollte nicht. Rasch bildete sich eine Gruppe, und der sowjetische Soldat, umzingelt, wurde immer nervöser. Es war ein hübscher junger Bengel, sensibel, und offenbar handelte er auf Befehl. Eine hübsche junge Zigeunerin schob den Lauf seiner Maschinenpistole hoch, so daß er nicht mehr auf die Brust des jungen Mannes gerichtet war, sondern aufs Portal der Teynkirche. Dabei schimpfte sie heftig auf den Soldaten ein und sagte wohl, so etwas gehöre sich doch nicht: den Lauf direkt auf die Brust eines Menschen zu richten.

Zwei weitere Posten wurden zur Verstärkung über den Platz geschickt. Sie sahen nicht so sensibel aus.

Ein Tscheche fragte auf deutsch den jungen Mann: »Haben Sie wirklich eine Kamera und haben Sie damit geknipst?« »Ja«, sagte der junge Mann. Ich sagte: »Geben Sie ihm das Ding.« Der Tscheche sagte: »Ich bin dagegen, daß er sie ihm gibt.« Meine Frau sagte: »Zeigt ihm einfach mal eure Pässe.« Wir taten's. Das verzögerte, entspannte, verwirrte. Der junge Tscheche redete, redete, redete russisch auf den ersten Soldaten ein, während immer mehr Zigeuner und Zigeunerkinder näher kamen. In ihren Augen sah ich, für was ich auch bei der Chance 1 : 1 000 000 einige hundert Kameras geben würde: Leben und Lust am Leben.

Plötzlich drehten sich die Posten um und gingen in Richtung Hus-Denkmal zurück. Sie hatten den Befehl nicht ausgeführt, und bestimmt werden sie mindestens einen Rüffel bekommen haben, wahrscheinlich mehr. Der junge Mann hatte seine Kamera behalten. Die Zigeuner strahlten. Ich drückte dem Tschechen die Hand. Meiner Frau und mir zitterten zum erstenmal die Knie. Zum erstenmal seit 23 Jahren und einigen Monaten hatten wir wieder erlebt, auf wie dumme Weise einer hätte sterben können. Wegen einer Kamera. Ich verwarf die »Tapferkeit« des jungen Mannes.

Wir setzten uns auf eine Bank, unter Bäumen, im Sonnenschein, am Samstagnachmittag. Die Menschen saßen friedlich da, nur wenige Schritte von Panzern entfernt. Ein Junge hatte sein Haustier mit nach draußen gebracht: ein Käuzchen. Ich beneidete den Jungen: eine Eule oder gar ein Käuzchen, das habe ich mir immer gewünscht. Seltsam: irgendwie war »man« an die Panzer schon gewöhnt. Die Leute saßen still auf ihren Bänken, rauchten, sprachen leise miteinander. Kinder kletterten an einem Spielgerät, spielten im Sandkasten. An den Hauswänden waren die Parolen derber geworden; vornehm ausgedrückt: das fäkalische und das anale Element traten in den Vordergrund. Ein Panzersoldat antwortete phallisch: mit eindeutiger Gebärde setzte er sich über das Geschützrohr und lachte derb. Nur einer lachte mit, die anderen waren zu müde, vielleicht waren sie auch geniert.

Im Hotel waren nur noch Journalisten. Sie standen auf der Treppe vor dem Hotel und warteten. Eine Gruppe neuer Journalisten kam an. Sie waren müde, hungrig, man sah ihnen an, daß es alte Routiniers waren für Trouble aller Art. Vor dem Aufzug erkannten sich zwei Amerikaner. »Ach, wir kennen uns doch.« »Ja, vor zwei Jahren in Saigon.« »Was meinen Sie, wird's das europäische Vietnam?« Schulterzucken.

Der Aufzug kam. Der alte Herr, der ihn bediente, sah ganz und gar nach »besseren Tagen« aus. Grauhaarig, sensibel, höflich, unaufdringlich, kakanisch. Er hätte Minister sein können oder Kulturattaché, aber wer weiß das schon in einer Demokratie. Vielleicht war er wirklich Fahrstuhlführer von Beruf. Trinkgelder nahm er gelassen an, aber das beweist nichts: manchmal nehmen auch Minister Trinkgelder an.

Am Sonntagmorgen war die Hotelhalle fast leer. In einem feudalen Fauteuil saß ein junges Mädchen und malte Parolen auf Makulatur. Sie war übernächtigt, ihr Make-up nur ganz leicht verschoben. Es war still, sonnig, und die Schüsse, die schon zum morgendlichen Ritual gehörten, klangen unten in der Halle weiter entfernt. Schon lange nicht mehr gingen wir vom Fenster weg, wenn draußen geschossen wurde.

Wir fuhren ungern, tschechische Freunde drangen darauf. Der Korrespondent des ›Stern‹ brachte uns zum Bahnhof Smíchov. Es ging alles glatt – zwischen Panzern hindurch.

Viele Küsse, viele Tränen am Bahnhof Smíchov. Und zum erstenmal seit Dienstag abend gab es wieder Bier. Die Menschen standen Schlange am Bahnhofsbüfett und trugen ihre Halbliterkrüge davon. Von Prag bis zur deutschen Grenze – von der Eisenbahn aus kein einziger Panzer zu sehen. Nur zwei Soldaten irgendwo an einer Bahnschranke. War die Tschechoslowakei wirklich besetzt? Die böhmischen Wälder sind tief und weit, die böhmischen Dörfer so still. In Pilsen stürzten viele zum Bahnhofsbüfett, um ihre letzten tschechischen Kronen in Pilsener Bier umzusetzen. Sie kamen mit sechs, acht, zehn Flaschen zurück.

Hinter Pilsen in dem lieblichen Flußtal lauerten wir – wie bei der Hinfahrt – wieder vergeblich auf den kleinen Bahnhof Malovice, der in den beliebten Standard-Erzählungen meiner Frau eine wichtige Rolle spielt. Ihr Vater war Jurist bei der Staatsbahn in Pilsen, und den halben Sommer verbrachte die Familie im Wartesaal von Malovice, tief in den Wäldern, am Flüßchen, sammelte Pilze, und die tschechische Oma erzählte Geschichten, brachte aus dem Wald Blumen und Kräuter mit, einmal sogar einen Raben. Zwei Züge fuhren täglich, und mit dem Abendzug brachte der Lokomotivführer meinem Schwiegervater einen Halbliterkrug Pilsener Bier aus Pilsen mit.

Es kann nicht so weit von Pilsen entfernt gelegen haben, denn auf dem Bier soll der Schaum noch zu sehen gewesen sein. Wahrscheinlich liegt's an einer Nebenstrecke. Wir entdeckten es auch bei der Rückfahrt nicht. Es blieb wie ein Traum in den böhmischen Wäldern versteckt. Wie eine Geschichte von Božena Němcová.

Es waren auch Tschechen im Zug, Aussiedler sogar. An der Grenze wurde nicht ein einziger Koffer geöffnet. Aber alle Hohlräume der Waggons wurden aufgeschlossen und bis in den letzten, allerletzten Winkel ausgeleuchtet, von einem Mann in Zivil. Und es wurden die Wassertanks abgeklopft und alle Toiletten genauestens untersucht.

Es wird immer später
Gedanken zum Sacharow-Memorandum
[1969]

In dem Augenblick, da das Vernünftige ausgesprochen oder hingeschrieben wird, wird es immer als utopisch verlacht, bestenfalls als poetisch oder prophetisch abseits gestellt. Was die deutsche Regierung im Jahre 1969 nun so krampfhaft sucht, das sogenannte Gespräch mit Moskau, wurde von vernünftigen deutschen Publizisten schon vor 1950 vorgeschlagen, und als das erste »Gespräch mit Moskau« dann stattfand, brachte es nicht viel mehr ein als ein deutsches Botschaftsgetto in Moskau und ein sowjetisches Botschaftsgetto in Rolandswerth, und schon 1957 war es wieder diffamierend, von den Bürgern der Sowjetunion auch nur als »Menschen« zu sprechen. Jene klägliche Denunziationsschrift des kläglich gescheiterten Komitees »Rettet die Freiheit« ist allzu rasch vergessen worden, vergessen, weil der miese Trubel scheiterte, und doch waren Politiker, die heute noch Töne angeben, seine Initiatoren.

Vor zwei Jahren noch riskierte einer seinen guten Ruf, wenn er für die Beendigung des Krieges in Vietnam plädierte; heute sitzen die Vertreter des Vietcong gleichberechtigt an einem runden Tisch. Möglicherweise wird eines Tages ein Augenzeuge ausrechnen, wie viele Tote, Verwundete, Obdachlose und Entehrte die Frage nach der *Form* des Tisches gekostet hat. Was sie den Künsten vorwerfen – Formalismus –, üben die kommunistischen Politiker bis zum Übermaß, und doch stünde es eher einer Großmacht wie den USA an, Friedensverhandlungen notfalls auf einem Küchenstuhl an der Ecke eines Küchentisches zu führen. Die Kleinen, ob sie siegreich oder unterlegen sind, haben ein Recht auf Formen, sie können sich auch eine scheinbare Demütigung nicht leisten.

Das bundesdeutsche Gespräch mit Moskau wird immer und immer wieder scheitern an der *formellen* Anerkennung der DDR, und wenn sie eines Tages fällig wird, wird sie tatsächlich nur noch eine Formfrage sein. Und bis zur Erledigung dieser Formfrage wird die Bundesrepublik auch nicht andeutungsweise das in Moskau haben, was man eine »gute Presse« nennt. Auch in den Beschimpfungen und Verdächtigungen steckt eine gute Menge Formalismus, fast schon Manierismus. Es sind nie die

Vernünftigen, die auf Wunder hoffen; offenbar warten die Politiker auf solche, offenbar warten sie auch darauf, daß die Geschichte sich auf den Kopf stelle und verlorene Kriege zu gewonnenen werden lasse. Dieses Wunder wird nicht geschehen, und selbst das Wirtschaftswunder (das keins ist) wird die Geschichte nicht auf den Kopf stellen.

Aus Vernunft und als Sozialist, ausgestattet mit den Kenntnissen und Erkenntnissen der Naturwissenschaften und der Technologie, gibt der sowjetische Professor A. D. Sacharow einen prophetischen Ausblick auf die Zukunft der Menschheit, die ihm düster erscheint, wenn nicht ... Dieser »Wenn nicht« gibt es zahlreiche in Sacharows Manifest, ich kann sie nicht alle aufzählen. Manche Probleme werden nur an-, einige ausgesprochen: Probleme der Geohygiene, der Rüstung, der mehrfachen Menschheitsvernichtungskapazität der bereits vorhandenen Atomwaffen. Er nennt den Rassismus, den Nationalismus, den Faschismus, eingehend kritisiert er nur da, wo jeder kritisieren sollte: am Leib des Staates, in dem er lebt, und da ich hier als Deutscher schreibe und Sacharow auch die »deutsche Frage« für ein ungelöstes und unheilvolles Problem hält, habe ich mit der deutschen Frage angefangen.

»Gebildet« hat sich Sacharows Manifest aus dem Milieu der wissenschaftlichen und technologischen Intelligenz, wo über Grundsätze und konkrete Fragen der Außen- und Innenpolitik und über die Zukunft der Menschheit große Besorgnis herrscht. Aus Sacharows Formulierungen spricht eine uneingeschränkte Ehrfurcht vor der Erde und ihren Bewohnern, den Menschen, eine Frömmigkeit, die man »christlich« nennen könnte, hätten die christlichen Parteien dieses Adjektiv nicht bis zur totalen Schändlichkeit verunstaltet. Und mögen die Parade-Christen nun ihr schlaues Spiel treiben, und was »christlich« am Sozialismus Sacharowscher Prägung sein mag, als »verfremdetes Christentum« bezeichnen. Ich benenne diese ehrfürchtige Frömmigkeit nach dem Geist, aus dem sie kommt: sozialistisch. Ja, verfremdet haben sich die Christen: die Arbeiter, die Wissenschaften, die Künste sind ihnen endgültig davongelaufen. Mit List und Tücke erhalten sie in den Staaten, wo sie den Ton angeben, ihre absurd lächerliche Stände-Ideologie aufrecht, entfremden krampfhaft – und bisher mit Erfolg – diejenigen, die nach Sacharow zueinander gehören: Arbeiter, wissenschaftliche Intelligenz und Künste.

Während Sacharow, der ganz und gar aus dem »materialistischen Milieu« kommt, vor jeder Kombination der kybernetischen Technik (Computer) mit der Massenpsychologie warnt, jener tödlichen Maschine, die bei uns unter den schlichten Namen »Werbung« oder »Verbrauchertest« arbeitet und die genau auszurechnen weiß, was »ankommt« – während der »Materialist« Sacharow warnt, wird das Wort »Ankommen« auch in kirchlichen Kreisen (leider auch in Kreisen kirchlichen Widerstands) immer geläufiger. Nimmt man die Christen beim Wort, die ihren »Advent«, die Ankunft, zum Ankommenwollen um jeden Preis geschändet haben, so offenbart ihre Sprache ihren Totalausverkauf. Die Ankunft, das Ankommen, vor dem Sacharow warnt, ist die An- und Niederkunft von thermonuklearen Waffen und Trägerraketen, deren Herstellung laut Sacharow bald nicht kostspieliger sein wird, als die Herstellung von Militärflugzeugen im Zweiten Weltkrieg war.

Sacharows Manifest ist ein Hilferuf der Vernunft und der Erkenntnis, der Hilferuf eines Naturwissenschaftlers, den Einsichten und Forschungsergebnisse weder zynisch noch eitel oder blind gemacht haben und der sich nicht von popularisierbaren Effekten der Wissenschaft, etwa der Weltraumfahrt, in Euphorie versetzen läßt.

Es mag schon sein, daß Schriftsteller und Künstler gelegentlich zu früh und ohne Grund außer sich geraten. Ein »zu früh« – und es gibt kaum eins – richtet keinen Schaden an, wenn die Politiker immer und immer wieder zu spät zur Vernunft kommen. Vereinfacht interpretiert, erwartet Sacharow eine Vorverlegung der Vernunft in die Politik, und es ist gewiß kein Zufall, es mag der Einsicht und Einsamkeit des Wissenschaftlers entsprechen, daß er die Abschaffung jeglicher politischen Zensur für eine unerläßliche Bedingung der Vernunft hält.

Er sieht in den Künsten und in der Literatur Bundesgenossen. Das mag auf den ersten Blick überraschen, wird bei näherem Zusehen verständlich: Während die Wissenschaftler und Technologen immer weiter ins Weltall vordringen und dort möglicherweise in der Unfaßbarkeit der Organisation des Kosmos etwas von der Unfaßbarkeit Gottes spüren, spüren sie wohl gleichzeitig auch die Trauer der Erdverlassenheit, und es könnte ihnen das, was man Kunst nennt – und man mag noch soviel Untröstlichkeit, sogar Trostlosigkeit und »Schmutz« dieser Erde »verkünden« – als die wahre Offenbarung des Irdischen erscheinen. Aus dieser Erde, auf dieser Erde von aus Erde Gemachten für aus Erde Gemachte gemacht, wird sie zur Stimme des Menschen, Trost in der Einsamkeit und Angst in Laboratorien und an Zeichenpulten, deren Exaktheit von der Erde weg ins Unendliche führt. Ich kann mir vorstellen: Wenn da einer auf dem Weg zum Mars wäre, und es wären alle Funkverbindungen zu seiner Kommandostelle abgebrochen, und er erwischte auf Grund eines unvorhersehbaren technischen Zufalls von irgendwoher den albernsten Song, er würde wohl weinen, weil er die »Stimme der Erde« hört. Oder hörte er auf Grund eines anderen technischen Zufalls »Pornographie«: wahrscheinlich würde er da oben im Weltraum den Zensor segnen, dem sie entgangen ist. Die vernünftigste und utopischste der Sacharowschen Forderungen ist, neben den politischen für die Geohygiene, die Bekämpfung des Hungers und die Rüstungsbeschränkung, die Forderung nach Informationsfreiheit und Abschaffung der Zensur.

Was Sacharow der Sowjetregierung vorwirft, ist nicht Sozialismus, sondern der Mangel an Sozialismus. Nicht mit Vernunft, nur mit Unvernunft ist es zu erklären, daß etwa Solschenizyns Romane ausgerechnet denen nicht zugänglich sind, in deren Sprache sie geschrieben sind. Das sind Vorenthaltungen unvernünftiger Art. Solschenizyn »bewältigt nicht Vergangenheit«, er schafft Gegenwart, indem er Licht in jene düstere Periode sowjetischer Geschichte bringt, von der wir alle *für* und nicht *gegen* die Sowjetunion hoffen, daß sie vergangen bleibe.

Kein deutscher Roman, keiner, hat (das mag an unserer vorläufig-endgültigen Provinzialisierung liegen) soviel Licht in die Dunkelheit deutscher Vergangenheit gebracht wie Solschenizyns ›Erster Kreis der Hölle‹, den die Sowjetbürger im Jahre 2000 als ihr ›Krieg und Frieden‹ des 20. Jahrhunderts erkennen werden, den sie jetzt schon nicht als Beschimpfung, sondern als Erlösung sollten begrüßen dürfen. Es gibt keinen Roman der Sowjetliteratur (keinen publizierten jedenfalls), der diesem vergleichbar wäre, gewiß nicht Pasternaks ›Doktor Schiwago‹. Und der ›Erste Kreis der Hölle‹ ist von jemandem geschrieben, der 1918, also ein Jahr nach der Revolution, geboren ist. Ein vorenthaltenes Werk dieser Größe verliert nicht an Kraft, es gewinnt, weil es gegenwärtig ist.

Ist die Sowjetregierung so schwach, daß sie einen Roman, daß sie Romane zu fürchten hat? Ich kann es nicht glauben. Der Index hat der Römischen Kirche mehr Lächerlichkeit als Nutzen gebracht, und das Imprimatur-Privileg bischöflicher Kanzleien ist nur ein peinlicher Rest jener Bangigkeit vor dem Geist, der weht, wo er will. Ob die Sowjetregierung diese ihre Form des

Imprimatur-»Klerikalismus« beibehalten will? Es ist schon recht, wenn Solschenizyn gegen Publikationen im Westen protestiert, solange seine Werke in der Sowjetunion nicht erscheinen dürfen, und doch möge er uns erlauben, daß wir seine Romane hier mit Freude, nicht mit Triumph begrüßen. Bis zum Jahr 1962 erfuhr ich auch nur aus der Zeitung, ob ein Buch von mir und welches in der Sowjetunion erschienen war, und doch empfand ich nichts daran als ärgerlich, obwohl ich mich durchaus nicht zu denen zähle, die den Deutschen mit Freundlichkeiten aufwarten.

Sacharows Gedanken zur Geburtenregelung sind von einer delikaten Humanität, die alle überraschen mag, die sich mit Vorurteilen gegenüber der »materialistisch« geschulten Intelligenz haben füttern lassen. Er nennt dieses Problem »heikel«, erklärt Sterilisationspläne für schlechthin »barbarisch«, hält eine standardartige, dogmatische Lösung »für alle Zeiten und alle Völker für falsch«, erkennt die »Vielschichtigkeit« des Problems, und das verkürzte westliche Geschrei derer, die blindlings »für« oder »gegen« die »Pille« sind, verblaßt dagegen zu einem demagogischen Gestammel, hinter dem man den wahren Materialismus erkennt: Angst um die Börsenkurse der Pillenhersteller oder Angst vor dem Nachwuchs an billigen Arbeitskräften.

Politik wird, so scheint es, immer zu spät mit Vernunft unterlegt: Zu spät wird eines Tages die DDR anerkannt werden, so spät, daß es auch ihren Bewohnern nichts mehr einbringt; zu spät werden unsere gewieften »Wehrpolitiker« erkennen, daß es schlecht um die geistige und gesellschaftliche Rüstung der Bundeswehr bestellt sein muß, wenn einige Tausend denkender und planmäßig agierender junger Leute einen solchen Riesenapparat in Unruhe versetzen können; zu spät wird über den Frieden in Vietnam verhandelt; zu spät wird man in den USA mit der Lösung des Negerproblems beginnen; zu spät wird in Südamerika, wenn es einmal so heftig erwacht wie Afrika, eine Lösung der sozialen Probleme versucht werden; zu spät und mit Gewalt, weil die jeweils bestehende Gesellschaft die Vernunft der Wissenschaften und der Literaturen immer als »zu früh« abseits stellt. Zu spät werden die großen etablierten Kirchen erkennen, daß nicht etwas vergleichsweise so Harmloses wie eine Reformation im Gange ist, eher eine fortschreitende Explosion des für ewigkeitsbeständig gehaltenen Atoms »Gehorsam«. Zu spät werden sich Kirchen und Adel von ihren immensen Besitztümern, von ihren Schatzkammern, den peinlich-pompösen Klamotten trennen, die sie sich immer noch umhängen; zu spät werden sie erkennen, daß der Himmel den Naturwissenschaften gehört, daß die Techniker dort oben in der offensichtlich öden Unendlichkeit des Weltalls die Erde wie ein Juwel sehen und möglicherweise, ohne es zu ahnen, in der Erde jenen mit »Saphiren bedeckten Boden« des Himmels erkennen, der im Alten Testament erwähnt wird.

Einen Aspekt der westlichen Welt, den immensen Besitz der Kirchen und ihren noch bestehenden Einfluß aufs sozialpolitische Geschehen, hat Sacharow nicht berührt, wohl, weil dieser Aspekt in seiner Welt keine Realität hat und er sich auf Informationen aus zweiter oder dritter Hand nicht verlassen mag; wahrscheinlich aus Höflichkeit und Ehrfurcht, die wir, die wir in dieser westlichen Welt leben, nicht zu übernehmen brauchen. Es ist höchste Zeit, wenn nicht zu spät, daß die Kirchen sich von ihrem Himmelsidealismus ab- und der Erde, diesem verruchten und verfluchten saphirblauen Juwel, zuwenden und den Materialien der aus Erde Gemachten. Es geht nicht ums »Ankommen«, es geht um die Ankunft. Computer schlucken Zahlen und Daten, Merkmale und Gewohnheiten, sie schlucken Löhne und Gewinne, schreiben Rechnungen, und es mag schon sein, daß sie eines Tages Bücher schreiben und Bilder malen, doch alles, was aus ihnen herauskommt, ist im wahren Sinn des Wortes und konsequenterweise demoralisiert, was bedeutet dehumanisiert. Es bleibt da noch genug aufzuarbeiten, was nicht Sache der Wissenschaftler und der Computer ist; es fehlt nicht die neue Offenbarung, es fehlt die Zersetzung der Materie Statistik durch das Licht und die Zersetzung allzu »einleuchtender« Computerergebnisse durch die Dunkelheit des verborgenen Schmerzes, der nirgendwo »ankommt«.

Ein ganzer Katalog von Zersetzungsaufgaben, den die Literatur allein nicht übernehmen kann, wartet der »am Himmel« arbeitslos gewordenen Theologen: die Zersetzung der von Computern diktierten Kleiderlehre, der Geldlehre, der Arbeitslehre, der Lehre von der Geschlechtlichkeit des Menschen und seiner Wohnung auf dieser Erde. Den Kern von Vernunft in der Ekstase der Jugend zu erkennen, der Vernunft, die es erfordert, daß – milde ausgedrückt – bald »eine Veränderung der Besitzverhältnisse« stattfindet, die bisher geltende Lehre vom Besitz zersetzt wird.

Die fürchterliche Last des geplagten und leidenden Oberhaupts der immer noch mächtigsten Kirche, des Bischofs von

Rom, ist noch zu sehr die Last des Himmels, die durch die Last an Besitztümern nicht leichter wird. Wer könnte eher als die Kirche des Bischofs von Rom auf Besitztümer verzichten? Sie, die doch keine »Nachkommen« hat. Es wird immer später.

Ende der Bescheidenheit

Zur Situation der Schriftsteller in der Bundesrepublik
Rede zur Gründungsversammlung des Verbandes deutscher Schriftsteller am 8. 6. 1969 im Kölner Gürzenich

Anläßlich der Gründung eines Gesamtverbandes Deutscher Schriftsteller möchte ich hier einige Überlegungen zur gesellschaftspolitischen Situation der Schriftsteller in der Bundesrepublik anstellen. Damit kein Mißverständnis aufkommt: es geht hier nicht um kulturelle Nuancierungen, nicht um die Fragen: Kunst, Antikunst, gibt es noch eine Literatur, gibt es keine mehr? Das gehört in die Feuilletons, in denen wir uns ja ausgiebig tummeln. Es geht nicht um unseren Anteil an Erstellung von Kunst, Poesie und möglichen Ewigkeitswerten. Es soll hier öffentlich Tacheles geredet und unser Anteil an den merkwürdigen Sozialprodukten betrachtet werden, die wir erstellen.

Hin und wieder mögen wir ganz kluge Leute sein, als Vertreter unserer Interessen in einer Gesellschaft, die von Interessenvertretern dirigiert wird, sind wir wie Schwachsinnige. Dieser Schwachsinn hat z. T. ehrenwerte Ursachen, etwa die, daß wir zu sehr mit unserer Arbeit, die eine öffentliche ist, beschäftigt sind, als daß uns finanzieller Kram sonderlich interessieren könnte, solange wir halbwegs zurecht kommen. Andere Ursachen mögen Bescheidenheit und Idealismus sein. Ich schlage vor, daß wir die Bescheidenheit und den Idealismus einmal für eine Weile an unsere Sozialpartner delegieren: an Verleger, Chefredakteure und Intendanten.

Es mag manchen von uns trösten, daß er möglicherweise Ewigkeitswerte schafft, dieser Trost sei ihm unbenommen, wenn er uns nicht hindert, uns hier und heute, gestützt auf diesen Gesamtverband, Gedanken darüber zu machen und einmal öffentlich darzulegen, wie wir unser Geld eigentlich verdienen. Vornehmerweise nennt man das Geld, das wir bekommen, Honorar. Das klingt, als wären wir sehr feine Leute. Ich fürchte, wir sind sehr feine Idioten. Wir lassen uns dirigieren, kujonieren, Prozente und Honorare diktieren, ohne je ernsthaft darüber nachzudenken, wer sie festgelegt hat und wie sie sich errechnen. Der geistige und politische Kredit, den wir der Bundesrepublik einbringen, ist ohnehin honorarfrei: wir verlangen nichts dafür. Es geht auch nicht um unsere gesellschaftliche Ehre, die verschaffen wir uns selbst. Es geht um unsere gesellschafts- und finanzpolitische Stellung.

Und so muß ich mir auch eine verlockende Abschweifung verkneifen in die Gefilde einer Poetik des Geldes: etwa aufzuzählen, was ein Fünfmarkstück je nach Lebenslage für einen Menschen bedeuten kann. Ich muß mich hier auf die Volkswirtschaft beschränken, und wenn ich die Broschüre ›Buchhandel in Zahlen‹ richtig entziffert habe, dann haben die Buchverlage in der Bundesrepublik allein in einem Jahr 2,5 Milliarden DM umgesetzt. Dieser stattliche Umsatz ist erschrieben worden, mag der Verfasser nun Helmut Heissenbüttel heißen, oder mag er unter dem Pseudonym Josef K. für irgendeinen obskuren Verlag Schnulzen ausbrüten. Rechnen Sie noch den Anteil an von Schriftstellern Geschriebenem für Film, Funk und Fernsehen hinzu, so wird Ihnen klar, daß wir Mitarbeiter einer Riesenindustrie sind, die uns bisher unsere Honorare einfach diktiert hat. Vergleiche ich das Interessengetümmel im Wirtschaftswunderland mit einem Freiwildgehege, so sind wir darin die Karnickel, die zufrieden und freundlich in herkömmlicher Bescheidenheit ihr Gräschen fressen. Ich will die Chancen unserer Animalisierbarkeit nicht überschätzen und die Position des Tigers anstreben, aber die Position des Karnickels steht uns nicht mehr zu Gesicht. Ich muß mir eine weitere verlockende Meditation verkneifen: ob der freie Schriftsteller nicht ein Fossil sei, lediglich von Museumswert.

In Wirklichkeit sind wir tarifgebundene Mitarbeiter einer Großindustrie, die hinter einer rational getarnten Kalkulationsmystik ihre Ausbeutung verschleiert. Ja, ich sagte Ausbeutung, und ich will gleich hinzufügen, daß ich den Begriff Ausbeutung nicht absolut, sondern relativ gesehen habe. Unter einem Ausgebeuteten stellen wir uns – dieses Klischee ist uns eingehämmert worden – einen elend dahintaumelnden Kuli oder südamerikanischen Minenarbeiter vor. Zweifellos sind das Ausgebeutete. Und doch ist auch ein Star-Boxer, der im Rolls Royce zum Kampf fährt und um eine Kasse von 1 Million Dollar boxt und, wenn er Glück hat, 200000 davon mit nach Hause nimmt, genauso ein Ausgebeuteter wie sein heruntergekommener Kollege, der sich in muffigen Vorstadtsälen für 30 Mark pro Abend die Fresse einschlagen läßt.

System und Problem der Ausbeutung werden durch die Prominierung einiger Weniger verschleiert, durch die ständige Herausstellung von ein paar Namen. Im übrigen verweise ich hier auf das Referat von Carl-Heinz Trinckler ›Die Ausbeutung des Schriftstellers in der neo-kapitalistischen Gesellschaft‹*.

Entziffert man die Kalkulationsmystik bei einem Buch, das im Laden 20 DM kostet, so sieht das so aus:

45 % Rabatte – also Zwischenhandel irgendwelcher Art	= 9,– DM
25 % Verlagsunkosten und -gewinn	= 5,– DM
20 % Herstellung	= 4,– DM
10 % Autorenhonorar	= 2,– DM

Ob es einen, auch nur einen einzigen Käufer eines Taschenbuches gibt, der weiß, daß von den 2,50 DM oder 2,80 DM, die er bezahlt, der Urheber, der, der das Buch immerhin geschrieben hat, 5 oder 6 Pfennig, wenn er Glück hat und sehr geschickt gewesen ist, 8 Pfennige mitbekommt? Das sind 2 bis 3 Prozent vom Ladenpreis. Ich weiß, Büchermachen, Bücherverkaufen, das sind riskante Geschäfte, ich will hier die Problematik des Verlegers und Buchhändlers nicht bagatellisieren oder demagogisch vereinfachen, diese Ziffern sollen nur klarmachen, wie hoch sich der Anteil eines Autors berechnet. Der Übersetzer gar, also der, der das Buch immerhin in der deutschen Erstausgabe dem deutschen Leser zugänglich gemacht hat, bekommt oder bekam im normalen Falle für die Taschenbuchausgabe in Worten und Ziffern nichts; wenn er beim Abschluß des Vertrages für die gebundene Ausgabe so schlau gewesen ist, daß er fast schon in Verruf gerät, bekommt er möglicherweise einen, ja einen einzigen Pfennig vom Taschenbuch mit. Der Fernsehzuschauer denkt wahrscheinlich immer gleich in Zig-Tausenden. Er sollte wissen, daß ein Autor, der schließlich wissen muß, wie, wissen muß, wo, der eine Unmenge Vorwissen, Quellenstudium investieren, der Drehbuch und Text verfassen, der in den meisten Fällen bei den Dreharbeiten und beim Schneiden dabei sein, viele Besprechungen absolvieren muß, für einen Kulturfilm, auch Kulturfeature genannt, wenn er Glück hat, fünftausend, im Normalfall zwischen drei- und viertausend Mark Honorar bekommt. Das entspricht ungefähr der Gage, die ein mäßig bekannter Schauspieler in einem mäßigen Fernsehspiel für eine mäßige Rolle bekommt. Es geht nicht darum festzustellen, andere verdienten zuviel – es geht nur darum, festzustellen, wie hoch unser Anteil ist.

* Gehalten im Hamburg-Zentrum im Januar 1969 vom damaligen Vorsitzenden des Norddeutschen Schriftstellerverbands.

Als erstes nach der Gründung dieses Gesamtverbandes sollten wir sämtliche Honorarbedingungen prüfen, neu mit unseren Partnern diskutieren und möglicherweise kündigen.

Daß der Autor bei der Wiederholung eines Fernseh- oder Rundfunkbeitrages nur die Hälfte, daß er unter bestimmten, funkintern abgemachten Bedingungen nur ein Zehntel bekommt, gilt als unumstößliche Regel. Wer hat diese Regel aufgestellt? Daß er die Hälfte des Honorars vor, die andere Hälfte nach der Sendung bekommt, gilt als unumstößliche Regel. Wer hat sie aufgestellt?

Mich interessiert hier die legale Situation nicht: ob wir streikberechtigt sind oder es wären. Wichtig ist, daß 99 Prozent der freien Schriftsteller einen Streik nicht einmal für zwei oder drei Monate durchhalten könnten, so frei sind wir freien Schriftsteller. Aber versuchen Sie doch bitte einmal, einen Augenblick lang zu träumen, sich vorzustellen, alle Autoren, Übersetzer, Kritiker, Lektoren, Bearbeiter, die vielen scheinbar freien Mitarbeiter dieser Riesenindustrie würden ein Jahr lang – nicht aufhören zu schreiben, sondern ein Jahr lang ihre merkwürdigen Sozialprodukte der Gesellschaft vorenthalten: Was würde aus dem Fernsehen, dem Rundfunk, den Feuilletons, der Buchmesse, aus diesem Riesenzirkus, dem sogenannten Weihnachtsgeschäft?

Träumen Sie diesen Traum einmal international, oder wenigstens europäisch, dann erst wird Ihnen klar, welche Mammutindustrie wir füttern, eine Industrie, die uns ihre Bedingungen diktiert.

Machen Sie sich klar, welche Lobby oder Gewerkschaft uns zukäme an Stelle der bescheidenen Regionalverbände, die bei einem Stadtoberhaupt oder einem Kultusminister ein paar tausend Mark zusammenschnorren mußten, damit sich deutsche Dichterinnen und Dichter wieder einmal in ihrer rührenden Ewigkeitswertigkeit öffentlich präsentieren konnten. Kein Geringerer als Fjodor Michailowitsch Dostojewskij hat von sich gesagt: »Ich bin ein proletarischer Schriftsteller«, und ich denke mir, er setzte sich bewußt mit einer solchen Äußerung in Gegensatz zu den Gentleman-Autoren seiner Zeit. Nachdem in Presse, Funk, Fernsehen und Schule soviel über deutsche Literatur gesprochen und geschrieben wird, ist es Zeit, die Öffentlichkeit einmal mit den Bedingungen zu konfrontieren, unter denen wir unser Geld, genannt Honorar, verdienen. Das Honorar, das wir vom potentiellen Leser unserer Bücher bekommen, entspricht in den meisten Fällen nicht einmal jenem Obolus, den der Märchen- und Geschichtenerzähler auf dem Markt bekam: 5, 6, 8 Pfennige für einen Taschenbuchroman, und selbst zwei Mark von zwanzig bei der gebundenen Ausgabe sind da nicht sehr viel.

Das Verrückte ist, daß wir wie Unternehmer versteuert werden. In diesem Jahr der Mitbestimmungsdebatten wird der Geist des Unternehmers, der durch seinen Mut, sein Risiko den Laden in Schwung hält und Steuerprivilegien verdient, dieser Geist wird von einer gewissen politischen Clique wieder sehr gepriesen werden. Wie sieht das beim »Unternehmer« Schriftsteller aus? Da setzt sich also einer hin und schreibt, einen Roman. Je nach Arbeitsweise braucht er dazu ein, zwei, drei Jahre. Nicht nur im Normalfall, in fast zehn von zehn Fällen, rechne ich die Prominenz ab, die die Lage verschleiert, macht er Schulden, mögen diese auch den hübschen Namen »Vorschuß« haben. Sein Risiko ist groß, auch sein Mut, er unternimmt tatsächlich etwas, aber ist er im Sinne der kapitalistisch naturrechtlichen Definition ein Unternehmer? Seine Produktionsmittel sind in einem gerade lächerlich geringen Maße aufwendig: etwa 20 bis 40 DM für Papier, ein paar Farbbänder, Bleistifte, wahrscheinlich braucht er an Schreibmaterial weniger als ein Obersekundaner im gleichen Zeitraum; seine Schreibmaschine ist steuertechnisch längst tot, abgeschrieben, Schrott. Was er wirklich braucht, um sein riskantes Unternehmen durchzuführen, ist Geld zum Leben, dazu macht er Schulden, nimmt Vorschüsse. Kann er das etwa später, wenn möglicherweise Honorare fällig werden, wie man so hübsch sagt, als Produktionskosten von der Steuer absetzen? Keineswegs. Nicht einmal ein Arbeitszimmer bekommt er ohne weiteres genehmigt, das kostet schon Kämpfe, ist im Glücksfall Ermessensfrage.

Es ist schon nicht mehr absurd, es ist irrsinnig, daß Umwelt und Gesetzgeber, die dauernd mit den Produkten dieses merkwürdigen Wesens Schriftsteller konfrontiert sind, nicht nur so wenig, sondern gar nichts von den Umständen zu wissen scheinen, unter denen dieses Wesen arbeitet. Das gesellschafts- und steuerpolitisch Interessante an einem Autor ist, daß er mit Produktionsmitteln von lächerlich geringer Aufwendigkeit allein, ohne andere Arbeitskräfte auszubeuten, dieses seltsame Etwas zustande bringt, das man Manuskript nennt und das in dem Augenblick, wo es, auf den Tisch des Verlages gelegt, zur Publikation bestimmt, unvermeidlicherweise zum Handelsobjekt wird, mag der Verfasser nun James Joyce oder Jerry Cotton heißen.

Dieses seltsame Objekt hat aber noch andere händlerische Aspekte, es ist auch ein Titel, als Titel ist er verkäuflich ins Ausland, in Buchklubs, als Taschenbuch, Film, Hörspiel, Fernsehspiel, und es gehört keineswegs in die Gefilde grauer Vorzeit, sondern ist nackte und harte Gegenwart, daß der Verleger an diesen sogenannten Nebenrechten, deren Vergabe ihn einige Briefe oder Telefongespräche kosten mag, mit 50 Prozent beteiligt war und ist, und zwar in einem Augenblick, wo dieser Titel keinerlei Risiko mehr für ihn bedeutet. Es gab Zeiten, wo ich für das Auslandsrecht eines Romans nach Abzug der verschiedenen Provisionen und der Steuern noch irgend etwas zwischen 180 und 300 DM in der Hand behielt. Es wäre Sache des Gesetzgebers, sich solche Anteile am Sozialprodukt einmal anzuschauen. Er verläßt sich darauf, daß die Interessenverbände ihre Ansprüche anmelden, sich mit ihrem Sozialpartner zurechtkämpfen, und das, genau das sollten wir von heute ab tun.

Es müßte gesetzlich verboten sein, daß ein junger Autor in diese 50 : 50-Falle gelockt, daß ein Übersetzer pauschal abgefunden wird, Musterverträge sollten ausgearbeitet werden.

Zum Vergleich einige Angaben aus Schweden, einem Land mit weitaus weniger Einwohnern als der Bundesrepublik, also mit einem größeren Verlegerrisiko. Kein Autorenhonorar darf in Schweden weniger als 16⅔ Prozent vom Ladenpreis des Buches betragen. Der Verleger hat nur das Recht für die schwedische Buchausgabe, alle anderen Rechte verbleiben beim Autor. Der schwedische Staat zahlt für jedes urheberrechtlich geschützte Werk, das aus einer öffentlichen Bibliothek entliehen wird, 6 Öre, etwa 5 Pfennig, im vorigen Jahr wurden 3 000 000 Schwedenkronen an einen Fonds des Schriftstellerverbandes überwiesen, in diesem Jahr sollen es 6 000 000 Schwedenkronen sein. Im übrigen darf in Schweden kein Honorar, auch für die billigste Ausgabe eines Buches, weniger als fünf Prozent betragen.

Nun zurück zu diesem seltsamen »Unternehmer«-Schriftsteller. Sein Buch erscheint, kostet im Laden zwanzig Mark. Nehmen wir an, es wird, was man einen Achtungserfolg nennt, es werden innerhalb von ein bis zwei Jahren dreitausend Exemplare verkauft. Der Autor hat also einen nationalökonomisch meßbaren Endumsatz von sechzigtausend Mark erzielt, indem er – außer seinem Risiko – etwa zwischen zwanzig bis vierzig Mark an Produktionskosten investiert hat. Sein Honoraranteil beträgt sechstausend Mark, er hat sie normalerweise schon als Vorschuß in der Tasche gehabt, ausgegeben und voll versteuert – wie ein Unternehmer. Nehmen wir an, sein Buch wird ein mittlerer Erfolg; es werden zehntausend Exemplare verkauft; dann beträgt der vom Autor erzielte Endumsatz zweihunderttausend Mark; ganz abgesehen davon, daß er Lektoren, Kritiker, Packer, Buchhalter, Setzer und Drucker in Arbeit hält, also eine ganze hübsche Summe an Lohnsteuer mobilisiert – das nenne ich mir wahren Unternehmergeist: durch so geringe Investierung 200000 DM in irgendwelche Kassen klingeln lassen. In seine eigene klingeln 20000 DM – eine scheinbar hübsche Summe, aber rechnen Sie davon die Steuern ab, bedenken Sie die Tatsache, daß einer nicht nur nicht am laufenden Band Romane produzieren, daß er keinesfalls am laufenden Band mittlere Erfolge produzieren kann; daß Vorschüsse zu Buche stehen, neue schon – dann wird dieses scheinbar recht hübsche Sümmchen, das in etwa dem Jahresgehalt eines Studienrats entspricht, schon merklich geringer, ganz rasch schwindet es, wenn Sie es auf zwei, drei Jahre umrechnen.

Nun nehmen wir aber noch den Ausnahme-, den Sensationsfall: Es werden 100000 Exemplare verkauft, der erzielte Endumsatz, der in irgendwelche – zu einem erheblichen Teil in die Kassen des Finanzamts – klingelt, beträgt zwei Millionen DM. Wenn das kein Unternehmergeist ist: auf einer steuertechnisch schon gestorbenen Schreibmaschine, auf Schrott also – erzielt einer einen Umsatz von zwei Millionen. Sein, des Autors, Anteil beträgt 200000 DM, und in diesem Augenblick glaubt er und mit ihm das Publikum, er habe sein Glück gemacht. Irrtum. Sie erinnern sich vielleicht noch daran, wie erstaunt der Autor Konrad Adenauer war, als ihm klar wurde, wieviel Steuern er von seinem Autorenhonorar bezahlen mußte.

Als Unternehmer unterliegt der Autor der progressiven Einkommensteuer, und da er erst nach zwei, drei Jahren seinen Bescheid bekommt, was weder seine Schuld noch die des Finanzbeamten ist, sondern Schuld einer Administration, die ständig ihre Leistungsfähigkeit überschätzt –, kann ihn ein solcher Erfolg, von dem er glaubt, er wäre sein Glück gewesen, ruinieren, weil plötzlich unerbittlich Summen fällig werden, die er gar nicht mehr besitzt. Auf diese Weise wird der Unternehmer-Schriftsteller von einer Gesellschaft bestraft, die ständig den Unternehmergeist lobt.

Es geht hier nicht darum, Privilegien zugebilligt zu bekommen, im Gegenteil, wir würden sie ablehnen, es geht um etwas so Gewöhnliches wie Verrücktes, um Recht, um eine rechtmäßige Besteuerung. Ich betone: ich behandle hier nur einen, einen einzigen von vielen Aspekten unserer Arbeit: den Aspekt, wo unsere Arbeit zum Handelsobjekt wird. Die Art, in der wir unser Geld verdienen, ist kompliziert, schwer erfaßbar, steuerlich kaum analysierbar, das sollte den Gesetzgeber nicht berechtigen, uns der Einfachheit halber unter die Unternehmer einzustufen. Wir sind ein Problem der Steuer-Minderheit, und Minderheitenprobleme sollten nicht mit der Dampfwalze gelöst werden. Mag also dieser Verband gemeinsam mit Steuer- und Finanzausschüssen nach einer rechtmäßigen Lösung suchen. Da es außerdem kaum eine Berufsgruppe gibt, deren Steuermoral durch Kontrollmitteilungen fast schon institutionalisiert ist, sollte uns wenigstens die lächerliche Zettelwirtschaft, sollten uns so absurde Steuern wie Mehrwert- oder Umsatzsteuer erspart bleiben. Natürlich braucht dieser Verband erst einmal Geld, um sich als Interessenverband zu installieren. Ich habe da neulich gelesen, daß der Bund deutscher Radfahrer im Jahre 1968 292000 DM für seine Verbandsarbeit bekommen hat, daß er aber im Jahre 1969 nur mit 205000 DM rechnen kann. Die Bundesvereinigung Deutscher Schriftstellerverbände bekam im Jahre 1967 10000 DM, im Jahre 1968 nichts, und wir werden feststellen, wieviel dieser Gesamtverband Deutscher Schriftsteller dem Innenministerium, dem Verlegerverband, dem Börsenverein, den Rundfunk- und Fernsehanstalten wert ist. Wieweit wir Verbündete unter den Journalisten und Publizisten finden, unter Redakteuren, Lektoren – das hängt davon ab, wie der Beruf des Schriftstellers definiert wird. Es gibt da zahlreiche Übergänge, und ich schlage vor, daß wir nicht zimperlich mit althergebrachter deutscher Dichter-Attitüde die Grenzen ziehen. Ich schlage außerdem vor, daß dieser Verband sich nicht nur mit Wohlwollen, mit engagierter Aufmerksamkeit der weiteren Entwicklung des Verlags der Autoren annimmt und ihn als mögliches Modell vor den Unkereien der bürgerlichen Presse schützt.

Wenn ich jetzt komisch zu werden scheine, so ist das weder meine Schuld noch meine Absicht. Ich konfrontiere lediglich Kernsätze aus einem Standardwerk übers Naturrecht mit dem berüchtigten Paragraphen 46 des Urheberrechts, konfrontiere dann beides mit unserer Situation. Zunächst die Zitate aus dem Standardwerk übers Naturrecht: »Grundlegend für die naturrechtliche Ordnung der Sozialwirtschaft ist das Privateigentumsprinzip. Aus dem Privateigentum an Produktionsmitteln folgt nämlich eine Form der Sozialwirtschaft, die auf dem freien Austausch von Gütern und Dienstleistungen beruht: die Marktwirtschaft.« Ein weiteres Zitat: »Im Eigentumsrecht erfüllt sich das Wesen des Rechts am vollkommensten. Denn das Eigentumsrecht besteht in der ausschließlichen und uneingeschränkten Herrschaftsgewalt über Sachen. Recht ist immer, wie wir ausgeführt haben, Herrschaftsgewalt.« Weiteres Zitat: »Nach der traditionellen Naturrechtslehre begründet das Eigentumsrecht die ausschließliche Verfügungsgewalt des Eigentümers.« Über solche Texte würde ich natürlich gerne, unabhängig von den uns berührenden Problemen, sehr lange meditieren. Ich muß mir das leider ersparen. Ich konfrontiere ihn nur mit dem § 46 des Urheberrechts, wie es am 9. September 1965 neu formuliert worden ist. »Zulässig ist die« – honorarfreie versteht sich – »Vervielfältigung und Verbreitung, wenn Teile von Werken, Sprachwerke oder Werke der Musik von geringem Umfang, einzelne Werke der bildenden Künste oder einzelne Lichtbildwerke nach dem Erscheinen in eine Sammlung aufgenommen werden, die Werke einer größeren Anzahl von Urhebern vereinigt und nach ihrer Beschaffenheit nur für den Kirchen-, Schul- und Unterrichtsgebrauch bestimmt ist.« Es ist doch merkwürdig, daß die anbetungswürdige Heiligkeit des Privateigentums vom Gesetzgeber nur da aufgehoben wird, wo es um Urheberrechte geht.

Daß ein Taschenbuch, vom Autor aus gesehen, für den Obolus, den er mitbekommt, schon geschenkt ist, habe ich oben festgestellt, nun werden wir aber durch ein Urheberrecht, das in peinlichem Gegensatz zum ansonsten geltenden Naturrecht steht, gezwungen, Kurzgeschichten und Romanauszüge nicht etwa an die respektiv armen Schulkinder zu verschenken, denen wir möglicherweise ganz gerne etwas schenken würden, nein, an Verleger und Herausgeber.

Ich denke, dieser Widerspruch ist zu offensichtlich, als daß wir noch lange darüber sprechen müßten, denn jeder verdient am Schulbuch, jeder: der Herausgeber, der Verleger, der Drucker, der Vertreter, der Buchhändler – alle verdienen, wenn auch weniger als am gewöhnlichen Buch – nur dieser Urheber, dieser Autor, wird durch ein Gesetz gezwungen, zu verschenken.

Es sind hier zwei Feststellungen zu treffen: Warum gilt diese legalisierte Wegelagerei noch? Und warum erlöscht die Schutzfrist? Wenn vor siebenhundert Jahren ein hübsches Bauernmädchen dem Herzog gefiel, er es zum Kebsweib nahm, später zur Gräfin erhob, ihr einen Landsitz mit Schloß schenkte, so gehören Schloß und Landsitz noch heute den gräflichen Nachkommen jener hübschen Bauernmaid, obwohl die Dienstleistung, der sie ihn verdanken, schon fast ein Jahrtausend zurückliegt. Und wehe dem, der diesen Privatbesitz antasten möchte! Ich sehe nicht ein, wieso die mehr oder weniger großen Provinzen, die wir uns erschreiben, siebzig Jahre nach unserem Tod der Allgemeinheit übergeben werden. Dieses uralte, so überaus witzig formulierte Naturrecht, das sich mühelos auf den Kapitalismus umfrisieren ließ, behandelt uns einerseits als Unternehmer, beraubt uns aber gleichzeitig durch Rechtsbruch unserer Rechte. Einen ganz typischen Rechtsbruch stellen auch die Vorschläge des Stockholmer Protokolls dar. Besonders in der Bundesrepublik, die sich dauernd mit der DDR konfrontiert und in Konkurrenz sieht, besteht die Gefahr, daß sie Autoren via Entwicklungshilfe enteignen wird. Die Bundesrepublik müßte ihre gesamte Rechtsbasis neu überdenken, wenn sie, um mit einem sozialistischen Staat zu konkurrieren, hier plötzlich Autorenrechte sozialisiert. Es wäre doch eine weitere Absurdität, wenn der Anerkennung-Nicht-Anerkennungs-Fetischismus ausgerechnet auf Kosten der Autoren ausgetragen werden sollte. Es wäre Rechtsbruch.

Was die Ausbeutung verstorbener Urheber betrifft, so hätte ich da für einen Doktoranden der Nationalökonomie ein paar Vorschläge zu machen: doch einmal, wenn auch nur annähernd, zu erforschen, was ein Lied von Schubert inzwischen allen Beteiligten außer Schubert und seinen möglichen Nachkommen eingebracht hat, oder was Dostojewskij oder Tolstoi, alle Film-, Funk-, Buch- und Fernsehrechte eingeschlossen, eingebracht haben. Wahrscheinlich wären Krupp oder Klöckner stolz auf einen solchen Umsatz. Ob die lebenden Autoren auf dem Umweg über ein Urhebernachfolgerecht an dieser gewaltigen Plünderung teilhaben möchten – das sei jedem einzelnen überlassen. Kein Geringerer als Walther von der Vogelweide seufzte zu einem gewissen Zeitpunkt seines Lebens in dem Vers auf: »Ich han mijn Lehen«, was schlicht übersetzt bedeutet: ich habe ausgesorgt. Es widerspricht also nicht allerbester deutscher Dichtertradition, sich materielle Sorgen für das Alter zu machen. Vielleicht findet der Gesetzgeber einen Weg, unsere Sozialpartner: Verlage, Funk, Fernsehen anteilig auch für den Zustand mitverantwortlich zu machen, der den meisten von uns nach dreißig-, vierzigjähriger Ausbeutung sicher ist: verschlissen zu sein, abgeschoben, vergessen. Ich fordere alle Maler, Grafiker, Bildhauer, Komponisten auf, sich der Ausbeutung, der sie erliegen, bewußt zu werden.

Es ist, hoffe ich, klar geworden: ich habe über einen Aspekt unserer Arbeit zu referieren versucht, nur diesen einen: wie wir unser Geld verdienen, welch einer Verkehrung des Naturrechts, welch einer absurd rechtmäßigen Steuergesetzgebung wir unterliegen.

Zwanzig Jahre nach Gründung der Bundesrepublik, die sich permanent auf ihre »freiheitlich-demokratische« Grundordnung beruft, sieht so die gesellschaftspolitische Position einer Minderheit aus, die es versäumt hat, ihre Honorar- und Arbeitsbedingungen zu analysieren; die im Windschatten der Prominenz ihre Probleme hat verschleiern lassen; mit einem muffig gewordenen Ehrgefühl irdischen Lohn gleichzeitig verachtet und ihn doch via Mäzenatentum oder Almosen annimmt. Wenn Sie sich vorstellen, daß die meisten Schulbuchverleger es nicht einmal für angebracht halten, dem beraubten Autor von den Lesebüchern, die in Auflagen von 50000 bis 100000 Exemplaren erscheinen, ein Belegexemplar zu schicken; die von manchem Lyriker, der sich Sorgen um die Miete machen muß, honorarfrei Gedichte abdrucken, so brauche ich über die Schnödigkeit dieses Gewerbes kein Wort mehr zu verlieren.

Es ist hier nicht Anlaß, zu klagen oder anzuklagen, ich stelle nur fest, und die wichtigste Feststellung: weder Staat noch Gesellschaft, auch nicht in einer »freiheitlich demokratischen« und außerdem noch »christlichen« Grundordnung, scheren sich einen Dreck um eine Minderheit, die es versäumt, sich in ihrer Gesamtheit zu solidarisieren; die sich damit begnügt, hin und wieder ein paar Lorbeerblätter hingestreut zu bekommen. Lorbeer kostet nicht viel, wir können ihn uns in der nächsten Drogerie selbst kaufen, soviel Geld bringen wir allemal noch auf. Außerdem gilt es festzustellen: wer gesellschaftspolitisch nicht vorhanden ist, ist auch politisch nicht vorhanden, er bleibt im Gestrüpp der Feuilletons hängen.

Ich wiederhole ein Zitat aus dem Naturrecht: »Recht ist immer, wie wir ausgeführt haben, Herrschaftsgewalt.« Verschaffen wir uns also erst einmal Herrschaftsgewalt über die Sachen, die wir produzieren, anstatt sie zu Bedingungen herzugeben, die aus einer Zeit stammen, in der es in den Kochbüchern noch die Rubriken »Billige und schmackhafte Gerichte für Dienstboten« gab.

Verschaffen wir uns erst einmal Überblick über die volkswirtschaftliche Relevanz unserer merkwürdigen Sozialprodukte, bevor wir uns vom kulturellen Weihrauch einnebeln lassen, dann erst kommen wir aus dem Resolutionsprovinzialismus heraus, der unsere wieder einmal erhobenen Zeigefinger golden schimmern macht, uns im Feuilleton als Gewissensfunktionäre und Korrektoren für das windschiefe Vokabularium der Politiker willkommen heißt, und hängen wir uns den hingestreuten Lorbeer nicht an die Wand, streuen wir ihn dorthin, wohin er gehört: in die Suppe.

Eine weitere Feststellung: Wir verdanken diesem Staat nichts, er verdankt uns eine Menge; mag er also darauf gefaßt sein, daß er uns nicht länger auf dem Umweg über einen Pseudo-Geniekult oder auch nur auf dem Umweg über einen Pseudo-Individualitätskult zerspalten und zersplittert halten und einzeln abfertigen kann. Ich fordere alle Kollegen, auch die der Emigration, auf, darüber nachzudenken, ob die alte, bürgerliche Alternative Solidarität oder Individualismus, die aus der Zeit des oben zitierten Kochbuchs stammt, noch gültig ist; niemand wird uns zwingen können, auch nur die kleinste literarische Nuance aufzugeben, uns in den Feuilletons nicht weiter zu befehden und gleichzeitig gesellschaftspolitisch solidarisch zu sein. In dem Augenblick erst, in dem wir einsehen, daß diese alten Klischees nicht nur nicht mehr stimmen, sondern nie gestimmt haben, in diesem Augenblick sind wir auch politisch vorhanden.

Die Konfrontation unserer Situation mit der zurechtfrisierten Rechtsauffassung der Gesellschaft hat mir eine Analyse dieser Gesellschaft erspart. Mit dem Naturrecht, das ich für überfällig halte, habe ich gegen eine Rechtsauffassung argumentiert, in der es noch gilt. Auf die gleiche Weise möchte ich mit einem kryptofeudalistischen Begriff operieren, dem der Prominenz. Auch darüber ausgiebig zu meditieren erspare ich mir, ich meine nur, daß einsam verstaubender Lorbeer, daß ein Name wenig nützt, wenn dieser Schall und dieser Rauch nicht, bevor sie vergehen, einem Zweck dienstbar gemacht werden. Mögen also die namhaften Kollegen diesem Verband ihren Schall und ihren Rauch leihen, damit er energisch ins politische Dasein treten kann.

Deutsche Meisterschaft
[1969]

Zensuren nach 20 Jahren Bundesrepublik? Ich bin kein Präzeptor. Ich bin Schriftsteller und Bürger der Bundesrepublik Deutschland, eines Staates also, der sich keines Verbrechens schuldig gemacht hat; dessen Vergehen darin bestehen mag, seine außenpolitische Position nicht richtig einzuschätzen, und der sich weigert, die unerbittlichen Folgen eines Weltkrieges zu akzeptieren; eines Staates, an dessen Innenpolitik ich einiges auszusetzen habe; der aber in den meisten Dingen auf eine fast schon peinliche Weise redlich und untertänig ist und sich gewöhnlich auch trotz seiner wirtschaftlich hohen Potenz unterordnet. Als Bürger dieses Staates möchte ich einige Anmerkungen machen über das, was war und ist.

Im ehrwürdigen Dom meiner Vaterstadt Köln während des Pontifikalrequiems für Konrad Adenauer hielten hohe Offiziere mit Ritterkreuz ohne Hakenkreuz darin die Ehrenwache, in Gegenwart zweier Kardinäle, in Anwesenheit des gesamten diplomatischen Korps, der Präsidenten und Ministerpräsidenten einiger Länder. Es waren alle beieinander, alle dabei, und dieses wohl größte gesellschaftliche Ereignis in der Bundesrepublik Deutschland, diese große Trauerfeier mit ihrer phantastischen Regie war, wie verlautet, von Herrn Globke entworfen. Es fehlte nichts: nicht der vielgeschändete Vater Rhein, nicht die Mutter Natur im lieblichen Rheintal, und alle, alle waren einverstanden mit diesen auf eine schizophrene Weise verkratzten Ritterkreuzen der deutschen Gegenwart, aus denen die Vergangenheit herausgekratzt war.

Ich behalte mir das Recht vor, Geschichte bildhaft zu sehen, und dieses Bild war das Bild des Einverständnisses. Aber ich stelle mir ganz andere Feiern vor, die nie stattgefunden haben und nie stattfinden werden: das gesamte Kardinalskollegium hält ein Pontifikalrequiem für eine Handvoll namenloser Erde aus Treblinka, oder es versammelt sich am Grab eines verhungerten sowjetischen Kriegsgefangenen, oder: die Sozialdemokratische Partei Deutschlands lädt ein zu einem großen Trauer-und Reueakt für jene Frau, die als Leiche in den Landwehrkanal geworfen wurde.

Ich weiß sehr wohl, diese Vorstellungen sind politisch vollkommen unrealistisch, weil sie nichts einbringen; solche Vorstellungen sind unvernünftig, poetisch, es gibt da schließlich eine Dampfwalze, die heißt: das Leben geht weiter.

Das Versäumnis nach 1945 bestand darin, daß die Christen sich standhaft und bis zum Stadium »Schaum vor dem Mund« vor dem Sozialismus gefürchtet und ihn als himmelschreiendes Abschreckungsmittel verketzert haben. Deutschland hatte die einmalige Chance, den verlorenen Krieg, die durch Bomben, allgemeine Verarmung, eine fast schon demokratische Gleichheit der Chancen und Existenz entstandene Situation als »geschenkte Revolution« wahrzunehmen. Ob es Deutschland von den Alliierten gestattet worden wäre, die Chance wirklich wahrzunehmen, diese Frage ist heute hypothetisch, da die Realitäten sich in der Bundesrepublik und der DDR unerbittlich anders entwikkelt haben. Christen und Marxisten hätten möglicherweise gemeinsam und ohne dem Interessendruck der jeweiligen Besatzungsmacht zu erliegen, eine dritte Kraft entwickeln können, notfalls auch gegen den Widerstand der jeweiligen Besatzungsmacht. Statt dessen haben sich beide Teile Deutschlands »diktierten« Gesellschaftsformen gebeugt. Die Jugend im Osten und Westen Europas fängt an, das Diktat zu spüren und sich dagegen aufzulehnen, um Veränderungen dort herbeizuführen, wo sie die bisherigen Formen und Inhalte für überholt, unaufrichtig oder falsch hält.

Veränderungen der Welt und der Gesellschaft sind immer durch Minderheiten bewirkt worden, die das, was ihnen einfach vorgesetzt wurde, prüften und der Achtung nicht für wert hielten.

Es gibt keine »vorgesetzte« Autorität. Autorität muß sich als solche bilden, bewähren, muß ständig gesprächsbereit sein, sich der Kritik – der Prüfung – stellen. Autorität kann nur entstehen, sie darf nicht einfach »verfügen«. Sie kann raten und beraten, und es ist immer problematisch, wenn eine einzige Person oder Institution den Anspruch erhebt, »Autorität« zu sein, gleichgültig ob als Politiker, Parteifunktionär, Professor, Feldwebel, Lehrer, Richter, Pfarrer, Partei, Politbüro oder Regierung. Sie muß der Kritik und auch der Ironie ebenso unterliegen wie die von ihr vertretenen Auffassungen und die von ihr gestellten Forderungen. Wenn also heute »vorausgesetzte« Autoritäten kritisiert und abgelehnt werden, ist das ein erfreuliches Zeichen. Insofern ist es nicht wichtig, ob die »rebellische Jugend« eine Minderheit ist und ob ihr Auftreten möglicherweise aus diesen oder jenen Gründen »hochgespielt« wird. Wichtig und entscheidend ist, wie sich eine oft genug unartikulierte Mehrheit verhält; ob sie sich an die vorhandene Autorität anschließt, sich von ihr »schützen« läßt oder ob sie – nicht etwa einen angeblichen Mittelweg findet, denn es gibt keinen Mittelweg! –, sondern eine dritte Kraft entwickelt, vergleichbar dem, was den meisten Jugendlichen in der ČSSR vorschwebt: Weder Kapitalismus noch den von Moskau administrierten kryptokolonialistischen Kommunismus, sondern den eigenen Weg zum Sozialismus. Es ist nicht die Frage der »Unauffälligkeit« oder »Auffälligkeit«, es ist die Frage, ob man re-agiert oder agiert. Bisher verhält sich die etablierte Gesellschaft im politischen Sinn nur reaktiv, was unaufhaltsam zur Reaktion führt.

Aus diesem Grunde ist auch die außerparlamentarische Opposition in der Bundesrepublik für mich eine natürliche Folgeerscheinung der bisherigen Entwicklung. Von Natur gehört jeder Künstler zur außerparlamentarischen Opposition, ohne daß dieser Name immer dafür bereitstünde. Insofern habe ich also nicht nur große Sympathien, sondern verfolge die Tätigkeit der außerparlamentarischen Opposition mit großer Aufmerksamkeit, mische mich auch gelegentlich darin ein. Was mich beunruhigt und was ich für lebensgefährlich halte, ist die Verbindung von Sexwelle und außerparlamentarischer Opposition. Ich glaube, daß da ein nicht mehr pseudo-kommerzielles Element hineinkommt und daß eine Art Sexualfaschismus entsteht. Ich nenne das ohne jede Einschränkung so. Die proklamierte Promiskuität ist keine Lösung für die Menschen und auch keine demokratische Lösung; es ist eigentlich eine Elite-Lösung. Die Eliten haben sich immer Promiskuität erlauben können und erlaubt – ganz gleich, unter welchem religiösen Vorzeichen die jeweilige Kultur stand. Und ich glaube, eine außerparlamentarische Opposition, deren erklärtes Ziel eine Demokratisierung der Gesellschaft und eine Abschaffung oder Beseitigung aller Autoritäten ist – wofür ich sehr bin, einschließlich der Abschaffung kirchlicher Autoritäten, der gesellschaftlichen sowieso –, schafft, indem sie sich an die Sexwelle anhängt oder von ihr überronnen ist, so viel »violence« – ich kann da nur das englische Wort gebrauchen –, daß sie wieder, obwohl theoretisch gegen die sogenannte »Repression«, neue Repression schafft. Ich glaube, die Sexwelle ist inzwischen ein Konsumgegenstand, der durchaus Eingang in alle bürgerliche Welt hat, sogar im Grunde bürgerlichen Ursprungs ist. Wenn sich die außerparlamentarische Opposition nicht bald, und zwar sehr artikuliert zu diesem Problem äußert, sehe ich sie untergehen in dieser bürgerlichen Promiskuität. Die Auffassung von der Sexualität ist entscheidend. Das Bordell und alle Nebenformen des Bordells zum Beispiel sind typisch bürgerliche Erscheinungen. Der freie Mensch ist – als Idealwesen nie erreichbar – auch sexuell nicht unterdrückbar, und gerade Prostitution ist ja eine Unterdrückungserscheinung.

Ich fürchte, daß die politischen Ziele durch diese Beimischung korrumpiert werden; man müßte sich klar abgrenzen. Auch die publizistischen Organe der außerparlamentarischen Opposition sollten sich klar darüber sein, daß sie im Grunde dabei sind, einen bürgerlichen Sexualfaschismus zu fördern.

Wir leben in einer Gegenwart, die alles Vergangene enthält. Ich weiß nicht, wer die barbarischen Wortbildungen »Bewältigung der Vergangenheit« und »Wiedergutmachung« zu verantworten hat. Ich erkläre mich unschuldig an diesen Wortbildungen, unschuldig auch daran, sie benutzt zu haben. Ich glaube nicht, daß zwischen einem Deutschen und einem Juden meines Alters je Unbefangenheit entstehen kann. Es mag Freundschaft möglich sein, Vertrautheit, Unbefangenheit nicht.

Ich war 15 Jahre alt, als durch die Intrigen der Herren von Papen, von Schröder und von Hindenburg einem Mann die Macht in die Hand gegeben wurde, der klipp und klar die Vernichtung des Judentums zu seinem Programm erklärt hatte. Allerspätestens im Januar 1944, im Jahr der zweiten ausgefallenen Olympiade, konnte es kaum einen höheren Offizier der Deutschen Wehrmacht mehr geben, der nicht gewußt hätte, daß die »Endlösung« beschlossen war und was dieses Wort bedeutete, und natürlich wußten sie alle schon vorher, was mit den Russen, den Polen, den Tschechen und Jugoslawen geschehen war, geschehen sollte und geschehen würde. Ich bin weder Diplomat noch Politiker. Ich bin ein überlebender Zeitgenosse, ein Deutscher und Schriftsteller, und ich möchte hier öffentlich erklären, daß jeder junge Deutsche, der den Wehrdienst verweigert, meine volle Sympathie hat. Bedenke ich den Geist der in der Gegenwart ausgekratzten Vergangenheit, dem die Bundeswehr huldigt, bedenke ich die obskure Tätigkeit, der unser derzeitiger Bundeskanzler oblegen hat, gedenke ich jenes Herrn Globke, mit dem zu zieren Konrad Adenauer sich nicht gescheut hat, bedenke ich unsere innenpolitischen Sorgen, dann muß ich sagen: Die deutsche Zweideutigkeit ist noch lange nicht zu Ende, auch dann nicht, wenn kein amtlicher Mund sich irgendwelcher Antisemitismen mehr schuldig macht.

Dem fünfzehnjährigen Jungen, der im Januar 1933 Untertan eines terroristischen Staates wurde, muß ich nachträglich zubilligen, was ich ihm, als er fünfzehn Jahre alt, nicht zugebilligt habe: den Verworrenheiten zu erliegen, als fast seine gesamte Umwelt, die bürgerliche, die adelige und ein großer Teil der proletarischen dieser Verworrenheit erlag. Damals habe ich mich ausgenommen, heute nehme ich mich nicht mehr aus, da ich überlebt habe. Ausnahme zu sein oder gewesen zu sein, das war ein Luxus, den ich mir geleistet habe. Ich schäme mich seiner nicht, sehe aber auch keinen Grund, mich seiner zu rühmen, da mir kein Preis dafür abverlangt worden ist.

Neun Olympiaden später betrachte ich solche kindlichen luxuriösen Wünsche, nicht dazuzugehören und doch überleben zu wollen, als eine aufreizende private Belanglosigkeit. Schließlich war ich Angehöriger der Deutschen Wehrmacht, und das langt mir. Außerdem habe ich eine Abneigung gegen ein Männerlaster, dem ich natürlich hin und wieder erliege: das Bramarbasieren, die Anekdote von der eigenen Schläue, den Gefahren, denen einer entronnen ist, das peinliche Kleingeld der Überlebenden, die sich gleichzeitig schämen und rühmen.

Auch zwischen Deutschen meines Alters gibt es keine Unbefangenheit, wenn sie nicht die Jahre zwischen 1933 und 1945 in enger Vertrautheit miteinander verbracht und jede Nuance der Geschichte dieser Jahre miteinander erlebt und reflektiert haben, und das kann ich nur von sehr wenigen Freunden und nahen Verwandten sagen.

Es gab da Augenblicke des Umfallens, die von außen gesehen relativ verständlich erscheinen mögen: etwa nach der Eroberung und Besetzung Frankreichs im Jahre 1940. Die Glorie schmeckte plötzlich einigen, denen Hitler und der Krieg gar nicht geschmeckt hatte. Fanfaren, ein Regen von Marschallstäben, die deutsche Flagge über Paris, der militärische Effekt, da gab's manch zustimmendes Nicken, das mir peinlicher in Erinnerung ist als der Parteieintritt eines Familienvaters im Jahre 1933.

Ich nenne diese Beispiele nur, um anzudeuten, wie wenig ich auch gleichaltrigen Deutschen gegenüber unbefangen sein kann. Selbst der gesundeste deutsche Nationalismus erscheint mir noch als sehr krank, und jetzt schon erwarte ich mit Pein die Olympiade 1972 in München, vorausgesetzt, daß ich sie erlebe. Ich nehme an, die wird phantastisch organisiert sein, wie die Olympiade

1936 in Berlin. Man wird die Deutschen loben, und sie werden sehr stolz sein. Ich schließe mich jetzt schon von diesem zu erwartenden Stolz aus. Ich war Teilnehmer an den beiden ausgefallenen Olympiaden 1940 und 1944, und diese beiden Olympiaden genügen mir. Schließlich wird man in München wohl auch wieder das Deutschlandlied intonieren, und immer, wenn ich diese Melodie höre, höre ich einen anderen als den gesungenen Text, ich höre einen Vers von Paul Celan: Der Tod ist ein Meister aus Deutschland.

Gewiß kann sich kein deutscher Politiker leisten, die Tatsache zu kritisieren, daß die Olympiade 1972 auf bundesdeutschem Boden stattfinden wird, nicht sehr weit von den ehemaligen Konzentrationslagern Dachau und Mauthausen entfernt. Diese peinliche Nationalhymne wird erklingen, die Nationen der Welt werden einmarschieren ... Flaggen gehißt – und das alles wird vorbereitet, ohne daß man bis dato weiß, wie es mit dieser zweiten deutschen Flagge, mit diesen anderen Deutschen, die ja wohl auch einmarschieren werden, vor sich gehen soll. Es sind schon Überlegungen angestellt worden, ob man München für die Dauer der Olympiade für exterritorial erklären soll. Ich gestatte mir heute den Luxus, selbst den gesundesten deutschen Nationalismus angesichts solcher Lächerlichkeiten für krank zu halten.

Ich habe Angst vor jeglicher deutschen Meisterschaft. Ich war fünfzehn Jahre alt, als Hitler an die Macht kam, fast zweiundzwanzig, als der Krieg ausbrach, etwas mehr als siebenundzwanzig, als er zu Ende war. Ich habe zuviel deutsche Meisterschaft gesehen und erlebt.

Die deutsche Nachkriegsmeisterschaft hat darin bestanden, hinter dem Rücken Konrad Adenauers, der eine neue Ehre nicht nur zu schaffen schien, sondern schuf, alte Ehrlosigkeit, endgültig verlorene Ehre wieder einzuschmuggeln und sie immer kräftiger, immer deutlicher aufzuputzen. Und das alles geschieht vor der schimmernden Wehr deutscher Wirtschaftsmeisterschaft. Das Jahr 1969 scheint das Jahr der deutschen Bundeswehr und der Wehrdienstverweigerer zu werden, man wird uns zeigen wollen, wer der Meister im Lande ist.

Die Ursachen des Troubles mit Nordirland [1970]

Der englisch-irische Ärger ist älter als der Kölner Dom, also auch einige Jahrhunderte älter als die Reformation. Am 23. August 1970 könnte ganz Irland ein Jubiläum feiern, das von den Nordiren als der Beginn des neunten Jahrhunderts ihrer Unterdrükkung empfunden werden könnte: Am 23. August 1170 betrat Richard Graf Pembroke, genannt »Strongbow«, Irland, und genauso alt ist der »trouble«. Verbissene Keltomanen könnten sogar auf die Idee kommen, den Beginn irisch-englischer Problematik ins Jahrhundert des heiligen Patrick zurückzuverlegen, der ja Brite war und einer zwar inbrünstig frommen, doch noch halbwegs clanhaft-patriarchalischen Kirche römische Kirchenordnung zu bringen versuchte. In einem der heiligen Brigid von Kildare zugeschriebenen Gedicht werden die Männer des Himmels und die drei Marien, die Glorreichen, zu einer großen Trinkerei eingeladen, und zwar zu einem Getränk, das wohl heute noch manches Römerherz ob solch blasphemischer Barbarei vor Entsetzen schwach machen würde: Bier. *Auch Jesus soll mit ihnen hier bei mir zu Gast sein. / Einen großen See von Bier / will ich bereit haben für den König der Könige; / ich möchte die Heilige Familie / trinken sehen in alle Ewigkeit.*

Sicher wird mancher römische Kragen platzen angesichts der wilden Vorstellung, Bier könne »sakramentsfähig« sein und als Ewigkeitsgetränk zulässig. Für den Slogan »Trink ein Bier mit Jesus« sehe ich noch keinen Platz.

Angedeutet sei nur, daß es in Irland eine Art religiöser Unterwerfung schon vor der Reformation gegeben hat. Achthundert Jahre nach Pembroke, dem Mann mit dem »Starken Bogen«, steht nun Ian Paisley und eine, wie mir scheint, hilflose Regierung, die erstaunt darüber zu sein scheint, daß dieser verfluchte irische Trouble immer noch nicht vorüber ist.

In Nordirland jedenfalls sind von rund 700 Beamten und Angestellten im öffentlichen Dienst rund 70 Katholiken. Von 386 Spezialärzten im Gesundheitsdienst sind ganze 31 Katholiken, von 61 Professoren der Medizin 3. Von 3000 Mann der staatlichen Polizei (Royal Ulster Constabulary) sind es zehn Prozent, und in der Ulster Spezial Constabulary, einer Art protestantischer Heimwehr, die berechtigt ist, ihre Waffen zu Hause zu haben (sie besteht aus 11 300 Mann), ist natürlich kein einziger Katholik, da sie sich hauptsächlich aus dem Orangisten-Orden rekrutiert. Wenn wenigstens konfessional-proportional alle Stellen besetzt würden, müßte der katholische Anteil ein Drittel betragen.

Ob dieses Verhältnis so bleiben würde, hängt von einem anderen Faktor ab: Etwas mehr als ein Drittel der nordirischen Bevölkerung ist katholisch, aber von den Schulkindern sind es schon mehr als die Hälfte. Letzteres aus einem Grund, den der Primas von ganz Irland, Kardinal Conway, mit dem so derben wie schlichten Ausdruck »The Catholics outbreed them« bezeichnete. Natürlich kannte der vor 800 Jahren gelandete Richard Pembroke den Unterschied katholisch-protestantisch noch nicht. Was er wollte und wovon er etwas verstand war: *Herrschaft* auszuüben, was im 12. Jahrhundert keineswegs als unmoralisch empfunden wurde; und natürlich wußte der »Starke Bogen« nichts von Demokratie, wahrscheinlich hätte er dieses Wort für die Bezeichnung einer obskuren und ziemlich gefährlichen Krankheit gehalten. Es wäre wohl auch falsch, ihn als Engländer zu bezeichnen. Er stammte aus dem normannischen Adel, der mit Wilhelm dem Eroberer aus Frankreich gekommen war; Pembroke kam aus einem Geschlecht, das schon in Wales der keltischen Bevölkerung den Segen normannischer Herrschaft und Ordnung beschert hatte. Möglicherweise war er ein besonders herrischer Vertreter der Herrenrasse. Worum es in Irland ging und geht, ist immer noch Herrschaft.

Paisley weiß sehr wohl, wovor er seine protestantischen Landsleute warnt: vor Herrschaftsverlust, der für sie gleichbedeutend ist mit dem Verlust von Besitz und sozialen und politischen Privilegien. Und er weiß auch sehr wohl, womit man dieses verfluchte »outbreeding«, die katholische Geheimwaffe des Bevölkerungsüberschusses, unter Polizeischutz bekämpfen kann: durch soziale und politische Benachteiligung bis zu jenem Punkt, an dem die katholischen Iren zum letzten verzweifelten Mittel greifen: zur Auswanderung, in der sie auf eine so schreckliche Weise geübt sind wie in sozialer und politischer Benachteiligung. Dann würde die Statistik wieder stimmen. Wahrscheinlich waren Paisley, die nordirische Regierung und auch die meisten katholischen Iren in den sechs Grafschaften Ulsters geradezu bis zum »Beleidigtsein« erstaunt, daß es da noch ein anderes Mittel gibt: Widerstand, notfalls unterstützt durch Gewalt. Das war eine böse Erinnerung an das böse Jahr 1916, in dem Patrioten und

Sozialisten die Irische Republik proklamierten, einen scheinbar hoffnungslosen Kampf begannen.

Es wäre sinnlos, hier eine verkürzte Fassung der komplizierten achthundertjährigen Geschichte von Richard Graf Pembroke bis Ian Paisley anzubieten. Natürlich gab's Verrat, gab's verratene Verräter, es gab ehrbare und ehrlose Verräter, und fast jedes Ereignis der irischen Geschichte ist »umstritten«. Und natürlich wäre die irische Geschichte, wäre sie von Kelten allein bestimmt worden, kein ewiger Frieden gewesen. So wie die Geschichte verlaufen ist, ist sie eine Geschichte nie ganz geglückter Unterdrückung. Harte Strafen waren die Folge hartnäckigen Widerstands gegen eine aufgezwungene Herrschaft, die sich nach der Reformation auch des konfessionellen Vehikels bediente und durch weitere Härte die Katholiken *fast* zu einer Rasse prägte. Zwischen 1692 und 1829 durfte kein katholischer Ire im Parlament sitzen, kein Katholik irgendein Amt ausüben oder ein Pferd besitzen, das mehr als fünf Pfund wert war; kein Waffenschmied durfte einen katholischen Lehrling annehmen, kein Katholik durfte eine staatliche Schule besuchen oder seine Kinder auf ausländische Schulen schicken.

Daß solcherlei Herrschaftsmittel nicht auf eine Konfession beschränkt sind, beweist das Schicksal der Protestanten Spaniens und Frankreichs. Man lese nur nach, was Protestanten in Frankreich bis zum Jahre 1782 drohte und was heute noch Protestanten in Spanien an Lieblichem widerfährt oder Baptisten in der Sowjetunion. Es gibt Gegenbeispiele: die noble Fairneß, mit der in der Republik Irland die Protestanten behandelt werden und immer behandelt worden sind. Der erste Präsident dieses zu mehr als 90 Prozent katholischen Staates war ein Protestant, und die anglikanische Church of Ireland ist, soviel ich weiß, keines ihrer Rechte beraubt worden, und kein Politiker der Republik Irland würde auf die Idee kommen, den unseligen Konfessionalismus aufs neue zu beschwören. Darin jedenfalls ist die junge irische Republik dem Geist des ersten irischen Republikaners, Theobald Wolf Tone, der protestantischer Herkunft war, treu geblieben. Als desto peinlicher und anachronistischer müßte jeder nordirische und britische Politiker eine Erscheinung wie Ian Paisley empfinden, gerade weil er so viele Anhänger hat.

Und doch kann Paisley nur so viele Anhänger haben, weil diese winzige Ecke Europas ungelüftet geblieben und weil das etablierte Unrecht in ihr nicht wahrgenommen worden ist. Das Schlagwort vom Klerikalismus, der in der Republik Irland herrsche, ist irreführend wie alle »Wahrheiten«, an denen nur »etwas dran ist«. In den Jahrhunderten der Unterdrückung hat der katholische Klerus treu zu den Unterdrückten gehalten, mancher Priester bis zum Tod durch den Strang oder durch Erschießen. Ob dieser nicht nur redlich, auch mit Mut und Herz erworbene Kredit heute noch in vollem Maß gilt, ob er nicht schon im neunzehnten Jahrhundert angeknackt wurde, das mögen die jungen Iren aus der Generation von Miß Bernadette Devlin selbst entscheiden. Ich zitiere diese energische junge Dame, deren Lebensbericht über den irischen Katholizismus genug aussagt: »Unter den besten Verrätern, die Irland je hatte, rangiert Mutter Kirche, ein massives Hindernis auf dem Weg zu Gleichheit und Freiheit, ganz obenan.«

Tatsächlich hatten alle irischen Freiheitsbewegungen seit der Französischen Revolution einen eindeutig republikanischen Zug, der dem armen irischen Landklerus gut hätte schmecken können. Eines jedenfalls haben die Iren nie gefürchtet: Exkommunikation. Viele von ihnen haben sie auf sich genommen; möglicherweise wäre, hätte es diese sinnlose innerkirchliche Polizeistrafe schon damals gegeben, auch die heilige Brigid exkommuniziert worden, weil sie Jesus auf alle Ewigkeit zum Biertrinken einlud. Das Urteil von Bernadette Devlin über die katholische Kirche stimmt – nicht nur in Irland, fast überall in der Welt – wörtlich mit dem überein, was junge katholische Priester heute zur Kenntnis nehmen und ausdrücken: Es ist kein speziell irisches Versagen, es ist das generelle Versäumnis, das sogenannte Industriezeitalter und seine Folgen nicht früh genug erkannt und die Arbeiterschaft verloren zu haben, weil man auf die Seite der Herren trat. In zwei europäischen Ländern – und in beiden aus ähnlichen Gründen: weil der Klerus gegen die Fremdherrschaft zum Volk hielt, wobei den orthodoxen Russen wie den protestantischen Preußen der Katholizismus gleichermaßen verächtlich schien – in zwei Ländern gibt es heute noch eine katholische Arbeiterschaft: in Irland und in Polen.

Wie auch in parlamentarischen Systemen Herrschaft ausgeübt werden kann, beweisen zahlreiche Beispiele aus dem Buch von Frank Gallagher ›The Indivisible Ireland‹. Ich zitiere daraus ein Beispiel für das berüchtigte Gerrymandering, ein System der Wahlkreismanipulation, das nach dem amerikanischen Gouverneur Gerry benannt ist: »Die Stadt Derry ist ein typisches Beispiel. In Derry gibt es 31620 Nationalisten (irische) und 18469 Konservative (Tories). Betrachtet man diese Zahlen, würde man es für menschenunmöglich halten, daß Derry einen konservativen Stadtrat hat. Das ist es keineswegs. Mit der tätigen Beihilfe der Regierung ist die Stadt in drei ungleiche Wahlbezirke eingeteilt, und zwar in folgende:

Wahlbezirk Nord 13896 Einwohner, die 8 Abgeordnete wählen; Wahlbezirk Süd 24768 Einwohner, die 8 Abgeordnete wählen; Wahlbezirk Waterside 11435 Einwohner, die 4 Abgeordnete wählen. Entschlüsseln wir diese Zahlen in aktive Wähler mit der von ihnen gewählten Partei, dann erst sehen wir die politische Bedeutung dieser Anordnung der Wahlbezirke.

Parlamentswahlen 1954–55

	Nationalisten	Konservative
Wahlbezirk Nord	3153	4903
Wahlbezirk Süd	12139	2114
Wahlbezirk Waterside	2570	4119
	17862	11136«

Auf diese Weise also wählt eine Minderheit die Mehrheit von 12 und die Mehrheit die Minderheit von 8 Abgeordneten. Die Wahlkreise sind so arrangiert, daß es in einem einzigen Wahlkreis mehr Nationalisten-Stimmen gibt als in der ganzen Stadt Konservative.

Ob's Zufall war, daß in Londonderry die Demonstrationen zu Unruhen explodierten, daß dort die Gewalt begann, wo der Arbeitslosendurchschnitt bei 12,7 Prozent der arbeitenden katholischen Bevölkerung lag, auf Grund plötzlicher Entlassungen einer Elektrofirma, und – aufgeschlüsselt in weibliche und männliche Arbeitslose – der Prozentsatz 4,3 : 17,5 Prozent betrug? Im Industriezeitalter ist plötzliche Entlassung auch ein Herrschaftszeichen, mag's auch nationalökonomisch begründbar sein. Sie zeigt die *Abhängigkeit,* und abhängig ist, wer so eindeutig beherrscht wird und von der Hand in den Mund leben muß.

Es ist ein weiter geschichtlicher Weg von Pembroke zu Bernadette Devlin und Ian Paisley, und doch wären die beiden letzteren ohne den ersteren nicht da, wo sie sind. Es ist kein Grund vorhanden, sich nun stolz in die mitteleuropäische Brust zu werfen und anzunehmen, so weit zurückliegende Herrschaftszeichen beeinflußten unsere gegenwärtige Geschichte nicht: als spukten nicht entlang der Oder-Neiße-Linie die Deutschordensritter, und als wäre es nicht an der Zeit, *mißglückte* Kolonisation an- und zurückzunehmen, und als wäre das linksrheinische Deutschland nicht bis zur Umarmung de Gaulle-Adenauer (und möglicherweise darüber hinaus) heimgesucht gewesen von jenem Geist, der Karl der Große und Charlemagne heißt und jenes unselige Reich ohne natürliche Grenzen, Lotharingien, hinterließ. In der französischen Publizistik gibt es bis auf den heutigen Tag für Deutschland den ganz und gar unbewußt angewandten Terminus *L'Outre-Rhin,* und ein ganzes Stück lang ist der Rhein nicht Deutschlands Strom, sondern seine Grenze.

In allen marxistisch bestimmten Ländern kennt man die Geschichte Irlands ziemlich gut, schon deshalb, weil es in der Zeit seiner Befreiungskämpfe das klassische Land der Partisanen war; weil Friedrich Engels an den irischen Industriearbeitern in und um Manchester soviel »Anschauungsmaterial« für seine Theorien fand; weil die große irische Hungersnot, die das ohnehin gedemütigte und geschwächte Land fast ruinierte, als klassisches (und schlüssiges) Beispiel dafür gilt, daß der kapitalistische freie Handel nicht in der Lage ist, Versorgungskrisen zu lösen. Es gibt eine große und großartig genaue Studie über diese Hungersnot ›The Great Hunger‹ von Cecily Woodham Smith, die angesichts der Hungersnöte in der Welt zur Grundlektüre aller Hilfswilligen gehören sollte; mir scheint diese historische Analyse von Miß Woodham Smith immer aktueller zu werden, anwendbar auf Indien, auf Biafra, auf Südamerika.

Sie beweist auch, daß Irland im vorigen Jahrhundert eins der vielen Biafras war. Daß die politischen und sozialen Verhältnisse in Nordirland ein »peinliches Relikt« sind, in einer kleinen Ecke Europas, in der man vergessen hat, aufzuräumen, darüber wird wohl kaum Uneinigkeit herrschen. Irland ist seit 800 Jahren Englands Wunde und sein wunder Punkt, und kaum einem Briten dürfte wohl sein, wenn Ian Paisley, außerdem noch im Habit eines anglikanischen Geistlichen, dauernd die Wunde aufreißt, Antipapismus predigt zu einer Zeit, in der kaum noch die Kardinäle Papisten sind, möglicherweise nicht einmal mehr der Papst selber einer ist.

Und doch hat dieser demagogische Pseudoprediger Anhang: Es geht um Herrschaft, die abgegeben werden muß, um Privilegien, die niedergelegt werden müssen. Die irische Geschichte lehrt: Es wird keine Ruhe geben, solange nicht wirklich wird, was selbstverständlich ist. Paisleys Hauptargument, daß dann die Herrschaft Roms beginne, klingt dumm, hat aber für Organistenohren einen vertrauten Klang. Es dürfte in Wirklichkeit umgekehrt sein: Der unübersehbare und unüberhörbare sozialistische Unterton und Untergrund der neuen Bürgerrechtsbewegung in Nordirland hat ganz gewiß keine römischen Sympathien und gewiß sehr wenig Sympathien in der Hierarchie der Republik Irland. Ich zitiere Miß Devlin: »Ich schaute mir das Irland, das ich vereinigen wollte, genauer an und fand, daß es nicht darum ging, die sechs Grafschaften zu befreien, sondern die nationale Revolution wieder ganz von vorn zu beginnen. Es gab keine freien Grafschaften, nirgendwo in Irland. Die Iren hatten in 26 Grafschaften den Platz der Engländer eingenommen, sie hatten nichts getan, das System zu ändern. 1897 hatte James Conolly, der einzige wirkliche Sozialist des Aufstands von 1916, gesagt: ›Werft die Engländer hinaus und hißt morgen die Trikolore über der Burg von Dublin, und Irlands Probleme werden doch bleiben, denn Irlands Probleme sind wirtschaftlicher und sozialer Art.‹ Und das stimmt noch immer.«

Gewiß hören das manche jungen Iren in der Republik Irland gern. Gewiß nicht gern hören es die, die für den Ian Paisley »Papisten« sind. Schon einmal gab's eine schlimme Verschwörung gegen einen irischen Politiker, der drauf und dran war, dem Empire – schon im 19. Jahrhundert – ernsthaft Schaden zuzufügen: James Stuart Parnell, wahrscheinlich einer der begabtesten und erfolgreichsten Politiker des 19. Jahrhunderts überhaupt, Ire und Protestant, Grundbesitzer sogar, von Haus »heimlicher König« und Volkstribun: ein irischer David, vor dem Goliath zu zittern allen Grund hatte. Er wurde nicht politisch gestürzt, sondern »moralisch« wegen einer Liebschaft mit Kitty O'Shea, von der jedermann wußte, die aber, als er politisch gefährlich zu werden begann, ihm als Strick um den Hals gelegt wurde, und in diesem Fall waren sich »Papisten« und Antipapisten auf eine folgenschwere Weise einig. Parnell wurde als Vorsitzender seiner Partei abgewählt, er resignierte und starb bald danach, ganze 45 Jahre alt.

Das Neue an der Bürgerrechtsbewegung in Nordirland ist, daß sie die republikanischen und sozialistischen Traditionen wiederentdeckt hat, und es besteht jeder Grund für die fortschrittlichen jungen Iren in beiden Teilen Irlands, zur »most blessed Mother« darum zu beten, daß Katholiken und Protestanten in diesem neuen Sozialismus nicht ihren *gemeinsamen* Feind und bei denen, die ihn betreiben, nicht irgendwelche »Liebschaften« entdecken. Es gab Zeiten in der irischen Geschichte, in denen Rom sich mehr oder weniger offen mit England verbündete, um sozialen Fortschritt in Irland zu verhindern. Segne also die »most blessed Mother« auch Mr. Paisleys Dummheiten und gebe sie, daß wieder einmal gesagt wird, was im 19. Jahrhundert schon gesagt wurde: »Zur Grundlage ihrer Politik nehmen die Iren Irland, ihre Religion beziehen sie aus Rom.«

Schwierigkeiten mit der Brüderlichkeit

Ansprache zur Eröffnung der Woche der Brüderlichkeit am 8. 3. 1970 im Kölner Gürzenich

Die Veranstalter der Woche der Brüderlichkeit sind geplagte Leute. Warum eigentlich? Sie schreiben und telegraphieren einigermaßen desperat in der Gegend umher, um die fälligen Festredner zu bekommen, möglichst solche mit Namen, möglichst solche, die aus dem Rahmen fallen und doch gleichzeitig durch ihren Namen eingerahmt sind.

Es gibt da eine bewährte alte Garde, die bei jedem humanitären Anlaß ihren Namen herzugeben hat; Empörung und Zorn auf ihr humanitäres Tremolo beginnen abgeleiert zu klingen.

Es muß doch eine Ursache haben, daß sich kaum noch einer so recht dazu hergeben will, sich öffentlich über das auszulassen, was nach 20 Jahren selbstverständlich sein sollte. Wäre es nicht sinnvoller, hier Namenlose über ihre Umwelt sprechen zu lassen, die in den meisten Fällen laut auflacht, wenn ein Wort wie Brüderlichkeit auch nur fällt?

Etwa ein junges Ehepaar mit kleinen Kindern und knappem Einkommen über seine Erfahrungen bei der Wohnungssuche berichten zu lassen?

Es brauchte nicht einmal ein Gammlerpärchen zu sein. Schon ein adrett gekleidetes, mit allen Insignien der Strebsamkeit ausgestattetes Paar könnte wohl darüber berichten, wo die erwartete Rentabilität die Grenze der Brüderlichkeit bildet. Wie viele Neurosen entstehen, zu wieviel Fehlgeburten kommt es, weil junge Eheleute sich verpflichten müssen, nicht zu bekommen, was sie möglicherweise gern hätten: Kinder.

Oder sollte man hier jemanden erzählen lassen, der in Geldnot geriet und die Brüderlichkeit pompöser Bank-Fassaden erfuhr? Vielleicht einen Häftling, der das Pech hatte, geschnappt zu werden, während wir das Glück haben, frei umherzulaufen?

Ich bestreite nicht, daß es Kriminalität gibt, ich bestreite nur, daß die Grenze zwischen Kriminalität und deren möglichem Gegenteil durch Gefängnismauern bestimmt wird.

Wir hier sind nicht eingesperrt, nur eingerahmt, und diese Einrahmung in Protokoll, Programm und Kleidung widerspricht eigentlich dem Gegenstand der Erörterung, der Brüderlichkeit, die wir einmal im Jahr vorzeigen wie ein Votivbild während der Pilgerwoche.

Spätestens hier bitte ich Sie, einem freiberuflichen Gelegenheitsfestredner, der einige Male aus dem Rahmen fiel, eine persönliche Bemerkung zu gestatten. Ich muß hier einmal eine Voraussetzung mitgeben, die mir zu selbstverständlich war, als daß ich sie bisher ausgesprochen hätte, und es ist natürlich kein Zufall, Herr Bundespräsident, daß ich diese Nachlieferung in Ihrer Gegenwart vollziehe. Diese Voraussetzung, die ich nachliefere, lautet: Ich meine mich selbst immer mit. Das mag schwer zu glauben sein und ist doch so.

Mein Autor lebt nicht auf einem Leuchtturm, der Reinheit ausstrahlt, ringsum Schmutz entdeckt und nun im Vollglanz seiner Reinheit diesen Schmutz zu beschimpfen beginnt. Mein Autor lebt auf der Erde, aus der er gemacht ist, und seine Bitterkeit ist die Bitterkeit der Erde, aus der er gemacht ist.

Er ist Brotesser, Biertrinker, Steuerzahler, Kinogänger, Staatsbürger usw. Was ihn von den Erdbewohnern um ihn herum ein wenig abheben mag, ist vielleicht die Fähigkeit, sich auszudrükken, auch die Fähigkeit, öffentlich auszusprechen, was als unaussprechbar galt.

Für meinen Autor ist Schreiben ein demokratischer Vorgang, er ist nicht der Herr und Richter, er ist der Bruder seines gesamten Personals, er ist in allem, was er, und in allen, die er da aus Sprache macht, mit drin. Diese Brüderlichkeit ist meinem Autor von einer höhnischen Gesellschaft oft genug vorgeworfen worden. Wenn ich hier sage: mein Autor, und nicht ich, so hat das viele komplexe Hintergründe, von denen ich nur einen kenne. Mein Autor und ich, wir leben in ständigem Widerstreit miteinander.

Der eine glaubt nicht so recht an das, was der andere tut; der eine möchte Gedichte schreiben, während der andere Reden hält; einer ist immer müde, der andere ist immer wach. Der eine ist anwesend, der andere abwesend. Sehr weit weg.

Wenn ich weiterhin »ich« sage, setze ich die angedeutete Gespaltenheit voraus. Was diese Veranstaltung angeht und die Gesellschaft für Christlich-Jüdische Zusammenarbeit, die dazu eingeladen hat, ich bin Mitbegründer dieser Gesellschaft in Köln und immer noch ihr Mitglied, und ich bitte Sie, das nicht zu vergessen. Ich bin, wenn auch nur mittelbar, mitverantwortlich für diesen Rahmen, von dem ich öffentlich, nicht heimlich, Abschied nehme, aus dem ich nicht herausfallen, sondern heraustreten möchte. Es ist kein Abschied von der Sache, kein Abschied von Personen, nur von diesem Rahmen.

Wir alle, soweit wir gelegentlich Festreden zu halten haben, kennen doch den Zwang, der sich bis zur Neurose steigert, wir kennen bei Veranstaltern und Mitwirkenden diese, wie ich finde, magische Sucht nach der Namhaftigkeit, nach der Prominenz, nach diesem Pseudoadel, der durch kein Lehen und durch kein Amt geschützt ist. Was hat das mit Brüderlichkeit zu tun? Ich finde: nichts.

Ich deute mir diese internationale gegenwärtige Bewegtheit von den Fabriken bis in die heiligsten Offizien, von den Akademien bis in Lehrlingsheime hinein, in Armeen und Strafanstalten, in Kirchen, Schulen, Familien, in der Kunst und in der Antikunst – ich deute mir diese Bewegtheit als den großen Versuch, die alten Rahmen aufzugeben oder zu zerstören, als eine Vorstufe oder Vorbedingung zur Brüderlichkeit.

Im alten Rahmen, so wie wir sie hier proklamieren, wird Brüderlichkeit leicht zur Herablassung, zumal, wenn sie sich nicht ständig der säkularen Trinität erinnert, von der sie abstammt: Freiheit, Gleichheit, Brüderlichkeit.

Ich glaube nicht, daß wir frei sind und daß wir gleich sind. Vielleicht könnten wir es werden durch jene Brüderlichkeit, die sich in einer neuen rahmenlosen Gesellschaft anzudeuten scheint.

Fast die gesamte Umwelt steht im Widerspruch zu dieser Brüderlichkeit, die wir da einmal im Jahr der Anbetung anheimgeben. Ich zweifle daran, ob wir berechtigt sind, feierlich jener Toten zu gedenken, die Opfer des Völkermords geworden sind, wenn es uns nachweislich nicht gelingt, Völkern, die in unserer Gegenwart sterben, über jene Grenze hinaus beizustehen, die unserem karitativen Impuls durch innen- und außenpolitische Rücksichten gesetzt werden.

Was werden wir sagen, wenn, was wir jetzt schon ahnen, in einigen Jahren nachgewiesen und natürlich gleichzeitig dementiert wird, daß in Biafra in unserer Gegenwart ein Völkersterben stattgefunden hat, daß keine Gipfelkonferenz einberufen wurde, es zu verhindern? Wenige Tage nach der Beendigung des Bürgerkrieges dort habe ich ein Bild von brutaler Obszönität gesehen, einen wieder in Gang gesetzten Bohrturm, der triumphierend seine Kolben in den Schoß der Erde stieß.

Dieses Bild sagte: Es ist alles wieder normal, was bedeutet, die alten Herrschaftsverhältnisse sind wiederhergestellt, der alte Rahmen wieder festgefügt, das Tabu der Innenpolitik ist gewahrt worden, keine Einmischung in die Außenpolitik ist erfolgt, die gewöhnlich der Hebel der Wirtschaftspolitik ist. Als Zeitgenosse und verstrickt mit dem Wirtschaftssystem, in dem ich lebe, nehme ich an der Herrschaft dieses Bohrturms teil.

Wer hätte sich in Hitlers Vernichtungspolitik eingemischt, wäre sie Innenpolitik geblieben? Manche Politiker und Diplomaten finden es ungehörig, wenn ein Deutscher, in dessen Zeitgenossenschaft Auschwitz fiel, sich in die Politik anderer Länder einzumischen wagt.

Soll Auschwitz auf diese Weise zur Bremse für Brüderlichkeit oder sollte es nicht zum Anlaß für sie werden? Es sind die gleichen Politiker, die es merkwürdigerweise nicht nur angebracht, sondern für die Pflicht von Autoren halten, sich gegen innerpolitische Maßnahmen zu empören, wenn sie sowjetische Schriftsteller treffen. Ich möchte hier feststellen, beide Einmischungen erfolgen aus dem unteilbaren Geist, für den Brüderlichkeit keine nationale Grenze hat. Zur Brüderlichkeit gehört die Internationalität.

Eine Welt, die sich auf grobe Weise in Ost und West dualisiert hat, kann das natürlich nicht begreifen. Sie ist dumm. Und so nimmt die eine Hälfte den Protest gegen den Vietnamkrieg zum Vehikel und die andere den Protest gegen die Besetzung der Tschechoslowakei.

Es findet ein Austausch von Unmenschlichkeitskonten statt, nationales Kerbholzdenken wird geübt, das jeder Intellektualität und jeder Brüderlichkeit widerspricht.

Es gibt ein ganzes Arsenal von Denunziationsvokabeln, die man für Intellektuelle hierzulande bereithält, wenn sie versuchen, international Brüderlichkeit zu üben. Es wird dabei übersehen, wenn dieses Vokabularium angewendet wird, daß die Großindustriellen und die Machthaber jener sozialistischen Länder, die das Wort klassenlose Gesellschaft zum Hohn gemacht haben, daß sie sich meistens sehr rasch und sehr gut verstehen. Ob beim Röhrenhandel über inhaftierte Schriftsteller gesprochen wird, ob möglicherweise ein Rabatt für ihre Freilassung angeboten wird – ich wage das zu bezweifeln.

Die jungen Leute in unserem Land haben recht, wenn sie uns vorwerfen, unser Schuldgefühl, das darin besteht, überlebt zu haben und nicht ganz unschuldig zu sein, lähme unsere politische Aufmerksamkeit. Bei öffentlichen Gedenkfeiern für die Toten einer anderen Gruppe von Menschen, zu deren Überlebenden ich gehöre, für die Soldaten, wird mir immer wieder und, je älter ich werde, desto peinlicher bewußt, wieviel bei diesen Feiern im herkömmlichen Gefallenengedenktremolo verschwiegen wird, verschwiegen, wie sehr man diese Toten, die man da so feierlich ehrt, solange sie lebten, entwürdigt und gedemütigt hat.

Was macht Regimentstradition und Divisionstreffen so peinlich? Daß die Überlebenden den Tod, in pathetisches und sentimentales Kleingeld verwandelt, weiterzureichen versuchen; meistens mit Erfolg. Es ist die Sehnsucht nach der alten Fahne.

Was macht die Bundeswehr, der ein riesiger Publicity-Apparat zur Verfügung steht und die offensichtlich von der deutschen Presse geschont wird, was macht sie denn so empfindlich, so leicht kränkbar? Doch nicht nur die Tatsache, daß sie einem friedfertigen Volk – die Deutschen von 1945 waren ein friedfertiges Volk – aufgezwungen wurde; was macht sie so verletzlich, fast schon zu einer verschämten Minderheit?

Ich glaube, es ist das stupide Beharren auf einer Tradition scheinbarer Ehre, die mit mehr als sechzig Millionen Toten des Zweiten Weltkrieges belastet ist.

Wie weit darf ein hoher und verantwortlicher Offizier gehen, der immer noch nach der Fahne sucht, die schon mit dem Blut der Rosa Luxemburg besudelt war, bevor sie sich vor dem faschistischen Terror ohne Widerstand in die Gosse senkte?

Ich spreche hier als einer, der, wenn auch widerwillig, und in dieser Widerwilligkeit ausnahmsweise ungespalten, hinter dieser Fahne hermarschiert ist. Ich nehme mich nicht aus. Ich erlaube mir nur, mich im Jahre 1970 ausdrücklich, nachdrücklich und endgültig aus einem Rahmen zu entfernen, der auf diese Weise eine Woche der Brüderlichkeit eröffnet. Ich schlage vor, daß die Veranstalter in Zukunft auf Namen und Rahmen verzichten und hier einen Bundeswehrsoldaten, einen Bundeswehrdeserteur und einen Kriegsdienstverweigerer über Brüderlichkeit sprechen lassen. Diese drei, jeder auf seine Weise Vertreter einer verfemten Minderheit, können das besser als ich.

Natürlich sollten auch die anderen Vertreter verfemter Minderheiten nicht vergessen werden: die Gammler, die Langhaarigen, die Schmutzfinken, die Obdachlosen, die Asozialen und auch jene adretten, auf Strebsamkeit angelegten Wohnungssuchenden, die in dieser Gesellschaft ein Viertel oder ein Drittel ihres Einkommens für die Gnade bezahlen müssen, ein Dach über dem Kopf zu haben. Ich wage es nicht, über Brüderlichkeit zu sprechen. Ich höre zu viel Hohngelächter. Ich höre im Hintergrund und nicht etwa nur bei der NPD die höhnische Frechheit jener Kräfte, die unsere Geschichte wieder bestimmen möchten. Es ist die Stimme einer Herrenwelt, der es gelungen ist, auch den einzigen Bruder, den wir je gehabt haben, zum Herrn und Herrscher und Machthaber zu machen. Auch er ist eingerahmt worden. Sein Reich der Brüderlichkeit durfte nicht entstehen. Da, wo es zu entstehen drohte, wurde es in seinen Rahmen zurückgedrängt, in den härtesten aller Rahmen, der Herrschaft heißt, sich auf Besitz gründet und immer noch auf der Trinität Staat-Armee-Kirche ruht.

In den kirchenfeindlichen Staaten hat ein dogmatischer Partei- und Inquisitionsapparat neue Prälaturen geschaffen; auch dort ist die alte Herrschaftstrinität wiederhergestellt.

Zum Schluß möchte ich Ihnen einige Eintragungen aus Ernesto Che Guevaras ›Bolivianischem Tagebuch‹ vorlesen. Ich lese dort unter dem 3.6.1967, vier Monate vor seinem Tod, einen Tag vor Beginn des Sechs-Tage-Kriegs, die Eintragung: »Gegen 17 Uhr tauchte der Militärlastwagen von gestern mit zwei Soldaten, die in Decken eingewickelt hinter dem Fahrersitz lagen, wieder auf. Ich fand nicht den Mut, auf sie zu schießen, schaltete auch nicht schnell genug, sie anzuhalten. Wir ließen sie durch.«

Ich will diesen erstaunlichen Menschen Guevara nicht zu einem Pazifisten interpretieren, ich will ihn nicht in seiner Natur und in seinem Ziel an mich oder an Sie verraten. Ich erlaube mir nur, diesen Satz als einen brüderlichen zu interpretieren, geschrieben von einem Befehlshaber eines revolutionären Kommandos. Ich frage mich natürlich, ob die jungen Leute, die Guevaras Bild vor sich hertragen, auch diesen Satz kennen, diesen Augenblick des Zögerns und der Nachdenklichkeit inmitten einer Aktion, die er selbst leitete, eine Nachdenklichkeit, die denen galt, in denen er wohl seine Brüder erkannte.

Die Herren zögern nie, Schieß- und Prügelbefehle zu erteilen – getroffen werden sie nur selten. Es tötet einer wohl immer seinen Bruder. Nach Beendigung der Feindseligkeiten behandeln sich Herren und Befehlshaber gewöhnlich mit ausgesuchter Höflichkeit.

Ich empfehle also Che Guevaras Satz nicht nur denen, die sich zu ihm bekennen, viel mehr noch empfehle ich ihn jenen, die in Polizei- und Militärkasernen ausgebildet werden, Herrschaft zu schützen. Und ich empfehle ihn allen regulären und irregulären Bombenlegern und Bomberpiloten, die blindlings töten.

Es ist nicht immer Abel, der Unschuldige, der da getötet wird, aber sobald er tot da liegt oder da hängt, bekommt er Abels

Gesicht – und wäre er der Schlimmste aller Verbrecher oder Kriegsverbrecher.

Auch allen Henkern und den Gehorsamen, die nur Befehle – notwendige natürlich – zu vollstrecken glauben, empfehle ich diesen wunderbaren Satz: »Ich fand nicht den Mut, auf sie zu schießen.« Ich empfehle ihn auch Ismael und Israel, den beiden Brüdern, die seit Tausenden von Jahren im Streit liegen. Und eine Prämie würde ich persönlich jedem Polizeibeamten zahlen, der vor einem deutschen Gericht aussagen würde: Ich fand nicht den Mut, sie niederzuknüppeln, sie niederzureiten, sie in die Fresse und über den Kopf zu schlagen, ich fand nicht den Mut, den Wasserwerfer auf die zu richten, die gegen jenen Herrn und Herrscher fast aller Meinungen demonstrierten, der erst nach der dritten Aufforderung es für notwendig hielt, vor einem deutschen Gericht zu erscheinen und für sein Nichterscheinen mit einer Strafe belegt wurde, die ihn kaum so hart treffen dürfte wie mich oder den Polizeibeamten der Verlust einer Schachtel Zündhölzer. Eine Prämie für jeden Polizeibeamten, der den Mut nicht findet.

Gesichtskosmetik der Großmächte – ein teurer Spaß

Ansprache zur ČSSR-Lesung bei der Frankfurter Buchmesse 1970

Zwei Jahre und einen Monat nach der Besetzung der Tschechoslowakei ist immer noch nicht die Andeutung eines Beweises für die imperialistische Verschwörung erbracht. Geht man von der Zahl der Verhaftungen aus – etwa 3000 – und nimmt man den statistischen Durchschnitt, daß von diesen – 300 – als mögliche Verdächtige gelten können, so käme man nicht auf einen pro Hundert, nicht auf einen pro Tausend, nicht auf einen pro Zehntausend, man käme auf ungefähr einen Verdächtigen auf 46600. Nach zwei Jahren intensiver Polizeitätigkeit ein extrem mageres Ergebnis.

Dem PEN-Klub, der gemeinsam mit dem Deutschen Schriftstellerverband diese Veranstaltung hier improvisiert hat, liegen glaubwürdige Informationen aus erster Hand vor, die beweisen, daß man aus mehr oder weniger geschickt zusammengeklitterten Filmaufnahmen und in Wohnungen abgehörten Gesprächen Beweismaterial zusammengeschustert hat, um die Dossiers verdächtiger Autoren verhandlungsreif zu machen. Die Methode ist nicht neu, neu ist aber, daß man nach zwei Jahren derart kläglicher Klitterungen bedarf, um einen Irrtum zu rechtfertigen, den man möglicherweise sogar eingesehen hat, aber aufrechterhalten muß, um sein Gesicht zu wahren. Diese Gesichtskosmetik von Großmächten ist ein sehr, sehr teurer Spaß.

Ich brauche Ihnen nicht vorzurechnen, wieviel Tod, Verzweiflung, Haß kleine Völker für die gewahrten Gesichter großer Mächte zu zahlen haben.

Diese Veranstaltung ist keine antikommunistische Demonstration, es ist eine Gedenkfeier, noch keine Trauerfeier für einen Kommunismus, mit dem wir uns hätten verbünden können und den Freunde von uns in der Tschechoslowakei begonnen hatten. Und schließlich sind wir hier, wenn man halbwegs den durchgesickerten Informationen glauben darf, sogar einer Meinung mit Herrn Kossygin, dem Ministerpräsidenten der Sowjetunion. Inzwischen hat man ein schönes Wort gefunden für das, was in der Tschechoslowakei vor sich geht: Normalisierung. Das ist nur ein anderes Wort für Ruhe und Ordnung, und die ruhigsten und ordentlichsten Menschen sind die, die sauber gewaschen mit einem schneeweißen Totenhemd bekleidet im Sarge liegen. Die Normalisierung gleicht einem verordneten Erstickungsprozeß, und Ost und West können einander beruhigt in die gewahrten Gesichter sehen.

Noch ein paar Worte zum literarischen Charakter dieser Veranstaltung. Hier wird kein literarischer Rang erteilt, hier werden nur Stimmen geliehen. Es liegt eine Bibliographie von Herrn Künzel vor, in der nachgewiesen ist, daß eintausend Titel tschechischer Autoren zwischen 1945 und 1970 ins Deutsche übersetzt und in der Bundesrepublik erschienen sind. Wir lesen hier neun Autoren. Neun, die keine Möglichkeit hatten, sich hier selbst vorzustellen. Autoren auch, die in ihren eigenen Ländern nicht publizieren dürfen.

Einigkeit der Einzelgänger
Rede zum Schriftstellerkongreß in Stuttgart am 21. 11. 1970

Diese verfluchten Äpfel, deren fauliger Geruch angeblich Schiller stimulierte, haben viel Unheil angerichtet; sie haben zu einem Klischee beigetragen, das für einen dümmlichen Kult zurechtgeschnitten ist. Der faulige Geruch des EWG-Apfelberges bringt uns nicht eine einzige Zeile von Schiller ein – jedenfalls nicht von Friedrich. Durch exzessives Whiskytrinken wird irgendeiner nicht zu William Faulkner, wahrscheinlich nur leberkrank. Ein Autor wird einer durch das, was schwarz auf weiß vorliegt, nicht durch austauschbare Eigenheiten, die unter Bankiers und Arbeitern so verbreitet sind wie unter Autoren. Eigenheiten mögen einen Sinn bekommen, einen Deutungswert innerhalb eines weitreichenden Koordinatensystems – wenn ein solches vorläge; noch sind die Schenkel von Abszisse und Ordinate zu kurz; und wenn ein halbwegs angemessenes System der Sensibilitätswertung zustande käme, würde sich wahrscheinlich herausstellen, daß Autoren widerstandsfähiger sind als gleich sensible andere, die ihre Sensibilität nicht schwarz auf weiß ausdrücken können. Daß Autoren außerdem – in der Boxersprache ausgedrückt – daran gewöhnt werden, hart im Nehmen zu werden, gehört zur Einübung in Veröffentlichung und Öffentlichkeit. Schließlich sind sie im buchhandelstechnischen und in einem anderen Sinn ausgeliefert – das wollten sie ja. Keiner wird gezwungen zu publizieren. Daß einer, der hart nehmen muß, auch hart geben kann – das sollte doch leicht einzusehen sein.

Gut. Wir sind also Einzelgänger – mehr oder weniger sensibel. Der eine hat die kaltgewordene Tasse Kaffee neben sich stehen, raucht Zigaretten, der andere hat die Rotweinflasche zur Hand und hält sich an der Tabakspfeife fest; der eine arbeitet nachts, der andere morgens; einer schreibt auf der Schreibmaschine ganz gute Sachen, der andere mit Bleistift oder Füllfeder weniger gute, oder umgekehrt. Wie's beliebt. Der begehrte Blick in die Werkstatt, die, wenn nicht gerade exotisch, so doch mindestens extravagant aussehen sollte – Aha und Oho –. Einer ist hetero, der andere homo. Ja. Immer auf der Suche nach dem verlorenen Geruch faulender Äpfel, abgestandenen Weihrauchs.

Das wäre das eine: die vordergründige Ausdrucksform des Einzelgängerischen, die in den Versandkatalog eines Einrichtungshauses gehörte. Es gibt da noch eine andere, ernste; das, was wir schwarz auf weiß vorlegen. Ich kann hier nicht auf das jahrhundertealte Palaver zwischen Engagierten und Nichtengagierten referieren, nicht über die Spiegelung dieser beiden Begriffe innerhalb der Wertungssysteme der verschiedenen Ideologien reflektieren. Es liegt mir auch nicht im geringsten, ein plakatives »Seid einig, Autoren« auszurufen. Die Spannungen, Feindschaften oder Fehden zwischen den verschiedenen Ausdruckspositionen gehören zum Geschriebenen, zum Veröffentlichten. Es geht nicht darum, einen vielfach verspannten planetarischen Hintergrund auf alexandrinische Weise in einen simpel strahlenden blauen Himmel zu verwandeln, an dem ein paar liebe einsame Sterne funkeln. Noch ist nicht geklärt, was klärbar wäre; der Vordergrund, die sozialpolitische Plattform, die das Ziel dieses Verbandes ist. Es herrscht da noch Urnebel, der das Hintergründige in all seiner möglichen Herrlichkeit verbirgt. Auch das komplizierteste esoterische Werk wird eines Tages nicht nur über den Bildschirm gehen, es wird als Kassette in Ton oder Bild nach der Organisationsform der Lesezirkel von Tür zu Tür gebracht werden. Wir schreiben, reden, denken, diskutieren und reflektieren viel über das Industriezeitalter – daß wir, ob wir nun die Stillen oder die Lauten im Lande sind, industrialisiert oder ganz gewiß industrialisierbar sind, sollte uns spätestens in diesem Herbst klarwerden. Die Maschinen, denen wir uns via Verlagsvertrag ausgeliefert haben, stehen schon bereit. Im Normalverlagsvertrag kann jeder von Ihnen nachlesen, was er wahrscheinlich unterschrieben hat: daß er dem Verlag seine Arbeit bis zum Erlöschen der gesetzlichen Schutzfrist überläßt. Das bedeutet: wenn einer mit 30 seinen ersten Vertrag unterschreibt und die Chance hat, 60 zu werden, dann unterschreibt er einen Vertrag, der für 100 Jahre gilt. Da lacht jeder Rechtskundige. Wer also nicht in beliebiger Form ausgeliefert werden möchte, muß sich schon notwendigerweise diesen Vertrag und seine Paragraphen einmal anschauen.

Einigkeit der Einzelgänger – das klingt, als suchten wir die Quadratur des Kreises – oder eine platte Gleichmacherei. Wir suchen beides nicht. Dieser Verband hat in einem Jahr nicht nur einiges, er hat viel erreicht, im Vordergrund. Er hat sich nicht vorgenommen, den Hintergrund zu klären. Der Verband kann nur sozialpolitisch Avantgarde betreiben, er kann damit viel Zeit und Freiheit für den Hintergrund erwirken. Die Ziele könnten von einer absurd bürgerlich-idealistischen Auffassung so denunziert werden, als ginge es nur ums Geld. Diese Denunziation wäre schon deshalb nicht angebracht, weil Geld nie nur Geld ist. Es geht also *nie* nur ums Geld. Es sollte auch bei Tarif- und Lohnauseinandersetzungen anderer Art nie *nur* ums Geld gehen. Nur Bankiers können so naiv sein zu glauben oder vorgeben zu glauben, Geld wäre nicht politisch. Autoren können sich das nicht leisten. Die Herren Doktoren Castro und Allende wüßten Antwort auf solch sträfliche Naivität, die ihre eigene Macht leugnet oder nicht anerkennt. Ich habe neulich gehört, Theodor Storm sei einer der Lieblingsautoren von Mao Tse-tung. Das sollte nicht nur Maoisten nachdenklich machen, auch alle die Stillen im Lande, die nicht auf politische Wirkung aus sind. Sie werden gar nicht gefragt. Bankiers werden gefragt: um Kredite, um Geduld; Kontinente bangen, Völker sterben, weil im Hintergrund das Geld gewährt oder entzogen wird, weil's da nur verdoppelt, anderswo verdreifacht werden könnte. Im Vordergrund schreit da meist einer laut »Freiheit und Demokratie«. Wieder einmal muß ich mir den Ansatz zur Poetik eines Fünfmarkstücks versagen. Es muß mißverständlich erscheinen, wenn hier Autoren um Rechte innerhalb einer Eigentumsgesellschaft kämpfen, die viele von ihnen für reformbedürftig halten. In diesem historischen Augenblick, ich betone Augenblick, können sie sich nicht anders verhalten, sie, die sich gewöhnlich zur Vorhut zählen, erweisen sich als Nachzügler, die fußkrank hinterherlaufen. Das kann nicht nur, das muß sich ändern, wenn dieser historische Augenblick vorüber ist. Dann müssen die Letzten die Ersten sein, die ihre Rechte, ihr Eigentum neu bedenken und in eine neue Eigentumspolitik einbringen. Hier und jetzt schon zu verzichten oder sich freiwillig zu beschränken, wäre sträflich. Ich sage das ausdrücklich für diejenigen, die vom Gesetz des Widerspruchs wissen, es aber beliebig oder nicht sach- und materialgerecht anwenden. Diese Prämisse müßte für alle Autorenvereinigungen, sie sollte auch für Akademien etc. gelten.

Autoren können nicht für die Enteignung anderer plädieren und selbst auf ihrem Eigentum hocken. Das setze ich voraus, vor allem für die, die sich mit dem politischen Hintergrund des Publikationswesens befassen. Diese Hintergrundforschung wird bereits betrieben. Es gibt die »Kooperative wissenschaftlicher Autoren«, mit der der Verband in ständiger Verbindung steht, bei der er sich über den historischen Augenblick informieren müßte, und er sollte auch, wenn im Vordergrund die Kasse klingelt, diese Arbeit im Hintergrund mitfinanzieren.

Noch ein Wort an die bildenden Künstler, bei denen der Nebel der Prominenz noch mehr als bei den Autoren die Lage verschleiert. Kann es auch nur andeutungsweise der Sinn von etwas Gemachtem sein, zur Aktie erniedrigt zu werden? Die Kunst im Safe? Das erscheint mir weit erniedrigender als alle feudalistischen Vorformen des Mäzenatentums oder der Auftragskunst. Was geht da auf Auktionen, in Galerien vor sich? Ist nicht eine Analyse überfällig? Wär nicht ein Bündnis mit den Autoren möglich? Kein Quadratzentimeter Kunst wird verlorengehen, und um die, die verlorengingen, wär's nicht schade.

Will Ulrike Meinhof Gnade oder freies Geleit? [1971]

Wo die Polizeibehörden ermitteln, vermuten, kombinieren, ist ›Bild‹ schon bedeutend weiter: ›Bild‹ weiß. Dicke Überschrift auf der Titelseite der (Kölner) Ausgabe vom 23. 12. 71: »Baader-Meinhof-Gruppe mordet weiter«.

Im wesentlich kleiner gedruckten Bericht über den Kaiserslauterer Bankraub liest man dann von vier maskierten Gangstern, unter denen »vermutlich« eine Frau war; im Verdacht, so liest man weiter, stehe »unter anderem« die Gruppe um Ulrike Meinhof. Indizien: Informationen der Polizei über den Aufenthalt der Gruppe, ein roter Alfa Romeo, beim Überfall benutzt, Tage vorher in Stuttgart gestohlen, schon einmal bei einer Fahndung nach der Gruppe beobachtet; weitere Indizien: die »brutale Art« des Überfalls und die »generalstabsmäßige Planung«.

Nun sind Banküberfälle meistens brutal, auch wenn die Verdächtigungen nicht der Gruppe um Ulrike Meinhof angehören. Und gerade durch generalstabsmäßige Planung eines Überfalls werden meistens Opfer vermieden.

Immerhin wird dann Herr Rauber, der Chef der Kaiserslauterer Kriminalpolizei, zitiert: »Wir haben zwar noch keine konkreten Anhaltspunkte, daß die Baader-Meinhof-Bande für den Überfall verantwortlich ist. Aber wir ermitteln selbstverständlich in dieser Richtung.« Das klingt schon anders; nüchtern, sachlich, angesichts der Indizien plausibel, legitim, wenn man es schon als legitim ansieht, daß Polizeibeamte für 1373 Mark monatlich ihr Leben riskieren, unter anderem, um Banktresore zu schützen. Ein riskanter, schlechtbezahlter Beruf.

Im Manifest der Gruppe, nach dem Untertauchen erst hektographiert, inzwischen im Wagenbach Rotbuch 26 (Alex Schubert: Stadtguerillas) erschienen, ist über dieses Problem zu lesen: »Am 14. Mai (1970 bei der Befreiung Baaders in Berlin) ebenso wie in Frankfurt, wo zwei von uns abgehauen sind, weil wir uns nicht einfach verhaften lassen wollten – haben die Bullen zuerst geschossen. Die Bullen haben jedesmal gezielte Schüsse abgegeben. Wir haben z. T. überhaupt nicht geschossen, und wenn, dann nicht gezielt: in Berlin, in Nürnberg, in Frankfurt. Das ist nachweisbar, weil es wahr ist.«

»Wir machen nicht ›rücksichtslos von der Schußwaffe Gebrauch‹. Der Bulle, der sich in dem Widerspruch zwischen sich als ›kleinem Mann‹ und als Kapitalistenknecht, als kleinem Gehaltsempfänger und Vollzugsbeamten des Monopolkapitals befindet, befindet sich nicht im Befehlsnotstand. Wir schießen, wenn auf uns geschossen wird. Den Bullen, der uns laufen läßt, lassen wir auch laufen.«

Hebt man die Kränkung, die in der Bezeichnung »Bulle« liegt, gegen das Wort »Bande« auf, zieht man von den zahlreichen vermuteten die bisher nachgewiesenen Taten ab und vergleicht man diese Passage mit dem wilden Schluß des Manifests *Den bewaffneten Kampf unterstützen. Sieg im Volkskrieg*, so klingt das nicht ganz so wahnwitzig wild und schießlustig, wie die Gruppe bisher dargestellt worden ist. Ergänzt man die oben zitierte Passage durch eine andere, die sich mit der lebensgefährlichen Verletzung des Angestellten Georg Linke auseinandersetzt, so entsteht auch nicht gerade der Eindruck einer uneingeschränkten Ballerideologie: »Die Frage, ob die Gefangenenbefreiung auch dann gemacht worden wäre, wenn wir gewußt hätten, daß ein Linke dabei angeschossen wird – sie ist uns oft genug gestellt worden –, kann nur mit Nein beantwortet werden.«

Die Kriegserklärung, die im Manifest enthalten ist, richtet sich eindeutig gegen das System, nicht gegen seine ausführenden Organe. Es wäre gut, wenn Herr Kuhlmann, der Vorsitzende der Polizeigewerkschaft, dafür sorgte, daß seine Kollegen, die einen so gefährlichen und schlecht bezahlten Beruf ausüben, dieses Manifest einmal lesen.

Es ist eine Kriegserklärung von verzweifelten Theoretikern, von inzwischen Verfolgten und Denunzierten, die sich in die Enge begeben haben, in die Enge getrieben worden sind und deren Theorien weitaus gewalttätiger klingen, als ihre Praxis ist. Gewiß war die Befreiung Baaders eben doch nicht der so ganz überzeugende (weder für Beobachter noch für Mitwirkende überzeugende) Sprung von der Theorie in die Aktion. Das Manifest enthält unter anderem auch fast so etwas wie ein Geständnis: »Weder das bißchen Geld, das wir geklaut haben sollen, noch die paar Auto- und Dokumentendiebstähle, derentwegen gegen uns ermittelt wird, auch nicht der Mordversuch, den man uns anzuhängen versucht, rechtfertigen für sich den Tanz.«

Es kann kein Zweifel bestehen: Ulrike Meinhof hat dieser Gesellschaft den Krieg erklärt, sie weiß, was sie tut und getan hat, aber wer könnte ihr sagen, was sie jetzt tun sollte? Soll sie sich wirklich stellen, mit der Aussicht, als die klassische rote Hexe in den Siedetopf der Demagogie zu geraten?

›Bild‹, ganz und gar vorweihnachtlich gestimmt, weiß ja schon: »Baader-Meinhof-Gruppe mordet weiter.« ›Bild‹ opfert die Hälfte seiner kostbaren ersten und die Hälfte seiner ebenso kostbaren letzten Seite dem Kaiserslauterer Bankraub.

Auf der letzten Seite von ›Bild‹ (23. 12. 71) findet man nur noch wenig von polizeilichen Ermittlungen. Statt dessen zwei Sonderspalten: »Die Opfer der Baader-Meinhof-Bande«, »Die Beute der Baader-Meinhof-Bande«. Unter die Opfer zählt ›Bild‹ nicht nur das nachgewiesene (und zugegebene) Opfer Georg Linke, es zählt auch alle die hinzu, bei denen noch nicht ganz geklärt ist, wer auf sie geschossen hat: Helmut Ruf und Norbert Schmid, und da ›Bild‹ schon einmal beim Opfern ist, wird auch der Polizeiobermeister Herbert Schoner aus Kaiserslautern der Einfachheit halber hinzugezählt.

Der Rentner Helmut Langenkämper aus Kiel wird immerhin nur als einer bezeichnet, der sich »Bankräubern in den Weg stellte«. Welchen Bankräubern? Schwamm drüber, das nehmen wir nicht so genau, die Vorweihnachtsopferlitanei darf nicht zu kurz ausfallen. Und wohl deshalb auch zählt ›Bild‹ Petra Schelm und Georg von Rauch (der hier zum Hauch wird) dazu. Das soll sicher ein Witz sein.

Ich hoffe, daß Herrn Springer und seinen Helfershelfern dieser Witz im Hals steckenbleibt mit den Gräten ihres Weihnachtskarpfens. Man kann die Nase schon voll kriegen, und ich habe sie voll. Wahrscheinlich wird ›Bild‹ bald so weit sein, einen so armen Teufel wie Hermann Göring, der sich leider selbst umbringen mußte, unter die Opfer des Faschismus zu zählen.

In der zweiten Litaneispalte – »Beute der Baader-Meinhof-Bande« – wird schlicht auch der Schaden aufgezählt, den die Frankfurter Kaufhausbrandstiftung verursacht hat: 2,2 Millionen. Auch Baaders Befreiung und ein Schußwechsel am 24. 12. 70 in Nürnberg laufen unter »Beute«. Natürlich werden die erbeuteten Summen der Banküberfälle, bei denen die Polizei lediglich vermutet, ›Bild‹ aber weiß, der Beute zugeschlagen. Logischerweise werden die 134000 Mark aus Kaiserslautern mit-, aber nicht mehr aufgezählt, wo man doch Polizeiobermeister Schoner schon unter die Opfer gezählt hat. Da stimmt doch etwas nicht an der Rechenmaschine, die ›Bild‹ bei solchen Additionen benutzt, denn es fehlen die 2,2 Millionen aus Frankfurt, Beutespalte bleibt Beutespalte, oder etwa nicht? Fragen dürfen wird man doch wohl.

Ich kann nicht annehmen, daß Polizeibehörden und zuständige Minister über Helfershelfer wie ›Bild‹ glücklich sein können – oder sollten sie's doch sein? Ich kann nicht begreifen, daß irgendein Politiker einem solchen Blatt noch ein Interview gibt. Das ist nicht mehr kryptofaschistisch, nicht mehr faschistoid, das ist nackter Faschismus. Verhetzung, Lüge, Dreck.

Diese Form der Demagogie wäre nicht einmal gerechtfertigt, wenn sich die Vermutungen der Kaiserslauterer Polizei als zutreffend herausstellen sollten. In jeder Erscheinungsform von Rechtsstaat hat jeder Verdächtige ein Recht, daß, wenn man schon einen bloßen Verdacht publizieren darf, betont wird, daß er nur verdächtigt wird.

Die Überschrift »Baader-Meinhof-Gruppe mordet weiter« ist eine Aufforderung zur Lynchjustiz. Millionen, für die ›Bild‹ die einzige Informationsquelle ist, werden auf diese Weise mit verfälschten Informationen versorgt. Man hat ja wohl genug von den Verdächtigten oder nur verdächtig Aussehenden des Herrn XY Zimmermann gehört.

Die Bezeichnung Rechtsstaat wird fragwürdig, wenn man die gesamte Öffentlichkeit mit ihren zumindest unkontrollierbaren Instinkten in die Exekutive einbezieht; wenn man die Qualität des Rechts der Quantität von Erfolg und Popularität opfert. Die nach Indizien zurechtdramatisierten Spielfilmrekonstruktionen, die Herr Zimmermann als Illustrationen zeigt, sind doch nichts weiter als miese Grusicals für den Spießer, der in Pantoffeln dasitzt, Bier trinkt und glaubt, er würde zum Augenzeugen, wo er doch nur einer undurchsichtigen Mischung von fact und fiction zuschaut, gelegentlich solchen, in denen Leichenteile die Hauptrolle spielen. Wie wär's, wenn Herr XY Zimmermann einen der immer noch gesuchten Naziverbrecher in der heiligen Krimistunde suchen ließe? Nur als Probe, um zu testen, wie's deutsche Krimigemüt drauf reagieren würde?

Die Bundesrepublik Deutschland hat 60000000 Einwohner. Die Gruppe um Meinhof mag zur Zeit ihrer größten Ausdehnung 30 Mitglieder gehabt haben. Das war ein Verhältnis von 1 : 2000000. Nimmt man an, daß die Gruppe inzwischen auf 6 Mitglieder geschrumpft ist, wird das Verhältnis noch gespenstischer 1 : 10000000.

Das ist tatsächlich eine äußerst bedrohliche Situation für die Bundesrepublik Deutschland. Es ist Zeit, den nationalen Notstand auszurufen. Den Notstand des öffentlichen Bewußtseins, der durch Publikationen wie ›Bild‹ permanent gesteigert wird.

Was richtet eine Überschrift wie die zitierte an? Wer zieht ›Bild‹ zur Rechenschaft, wenn die Vermutungen der Polizei sich als unzutreffend herausstellen? Wird ›Bild‹ dementieren, sich korrigieren, oder wird Herr Springer sich an der Bildspalte auf Seite 5 trösten, die die Überschrift trägt: »Soviel Liebe auf einmal.« Dort werden die weihnachtlichen Spenden publiziert. Gott segne das ehrbare Handwerk. Ich hoffe, die Gräten im Weihnachtskarpfen waren nicht zu weich und haben sich tatsächlich quergelegt.

Ich wiederhole: Kein Zweifel – Ulrike Meinhof lebt im Kriegszustand mit dieser Gesellschaft. Jedermann konnte ihre Leitartikel lesen, jedermann kann inzwischen im Rotbuch 26 des Wagenbach Verlages das Manifest lesen, das nach dem Untertauchen der Gruppe geschrieben ist. Es ist inzwischen ein Krieg von 6 gegen 60000000. Ein sinnloser Krieg, nicht nur nach meiner Meinung, nicht nur generell, auch im Sinne des publizierten Konzeptes.

Ich halte es für psychologisch aussichtslos, Kleinbürgern, Arbeitern, Angestellten, Beamten (auch Polizeibeamten), die vom Erlebnis zweier totaler Inflationen geschreckt sind, ihren relativen Wohlstand ausreden zu wollen, wenn man ihnen nicht erst einmal ausführlich und nationalökonomisch exakt darlegt, wie fürchterlich »gleich« die Chancen bei der Währungsreform waren. Und hat je einer die jüngeren Polizeibeamten darüber informiert, auf dem Hintergrund welcher Polizei*geschichte* die ihren tatsächlich schweren Beruf ausüben, oder sind die jungen Juristen alle darüber informiert, auf dem Hintergrund welcher Rechts*geschichte* sie ihren Beruf ausüben? Es gab einmal kurzfristig einen Bundesminister in einem CDU-Kabinett, der sofort, fast über Nacht aus dem Verkehr gezogen wurde und dann auch zurücktrat, als sich herausstellte, daß er einmal Richter in Schneidemühl gewesen war.

Für einen so abscheulichen Satrapen wie Baldur von Schirach, der einige Millionen junger Deutscher in die verschiedensten Todesarten trieb und zu den verschiedensten Mordarten ermutigte, sogar für ihn gab es Gnade. Ulrike Meinhof muß damit rechnen, sich einer totalen Gnadenlosigkeit ausgeliefert zu sehen. Baldur von Schirach hat nicht so lange gesessen, wie Ulrike Meinhof sitzen müßte. Haben die Polizeibeamten, Juristen, Publizisten je bedacht, daß alle Mitglieder der Gruppe um Ulrike Meinhof, alle, praktische Sozialarbeit getan haben und Einblick in die Verhältnisse genommen, die möglicherweise zu dieser Kriegserklärung geführt haben? Schließlich gibt es das Rotbuch 24 des Wagenbach Verlags, Titel: ›Bambule‹, Verfasserin: Ulrike Marie Meinhof. Lesenswert, aufschlußreich – als Film immer noch nicht gesendet.

Wieviel junge Polizeibeamten und Juristen wissen noch, welche Kriegsverbrecher, rechtmäßig verurteilt, auf Anraten Konrad Adenauers heimlich aus den Gefängnissen entlassen worden und nie wieder zurückbeordert worden sind? Auch das gehört zu unserer Rechtsgeschichte und läßt Ausdrücke wie Klassenjustiz so gerechtfertigt erscheinen wie eine Theorie des Strafvollzugs der politischen Opportunität.

Ulrike Meinhof und der Rest ihrer Gruppe haben keinerlei Chance, irgend jemand politisch opportun zu erscheinen. Äußerste Linke, äußerste Rechte, linke und rechte Mitte, Konservative und Progressive aller Schattierungen, sie alle kennen keine Parteien mehr, sie sind dann nur noch Deutsche und sich einig, einig, wenn sie endlich in ihre deutsche Schwatzgenüßlichkeit zurückfallen, sich ungestört ihrem Fraktionschinesisch ergeben können, wenn geschehen sollte, was nicht geschehen darf; wenn man eines Tages lesen würde, daß auch Ulrike Meinhof, später Grashof, dann Baader und Gudrun Ensslin als »erledigt« zu betrachten sind. Erledigt wie Petra Schelm, Georg von Rauch und der Polizeibeamte Norbert Schmid. Erledigt, vom Tisch, wie man so hübsch sagt, und aus dem deutschen Gemüt, mag's sich noch so links dünken.

Man wird das uralte Gesabbere hören. Es mußte ja so kommen. Schade, aber ich hab's ja immer gesagt. Diese ganze verfluchte nachträgliche Rechthaberei, wie sie Eltern mißratenen Kindern hinterherbeten. Und dann kann man weiter seine verschiedenen Gebetsmühlen drehen. Man hat ja recht gehabt, man hat's ja immer gewußt, und es mußte ja so kommen. Paulinchen war allein zu Haus.

Muß es so kommen? Will Ulrike Meinhof, daß es so kommt? Will sie Gnade oder wenigstens freies Geleit? Selbst wenn sie keines von beiden will, einer muß es ihr anbieten. Dieser Prozeß muß stattfinden, er muß der lebenden Ulrike Meinhof gemacht werden, in Gegenwart der Weltöffentlichkeit. Sonst ist nicht nur sie und der Rest ihrer Gruppe verloren, es wird auch weiter stinken in der deutschen Publizistik, es wird weiter stinken in der deutschen Rechtsgeschichte.

Haben alle, die einmal verfolgt waren, von denen einige im

Parlament sitzen, der eine oder andere in der Regierung, haben sie alle vergessen, was es bedeutet, verfolgt und gehetzt zu sein? Wer von ihnen weiß schon, was es bedeutet, in einem Rechtsstaat gehetzt zu werden von ›Bild‹, das eine weitaus höhere Auflage hat als der ›Stürmer‹ sie gehabt hat?

Waren nicht auch sie, die ehemals Verfolgten, einmal erklärte Gegner eines Systems, und haben sie vergessen, was sich hinter dem reizenden Terminus »auf der Flucht erschossen« verbarg? Wollen sie in dieser überreizten Situation, in dieser gegenseitigen Verhetzung, die Entscheidung ganz allein den Polizeibeamten überlassen, die verstört und überarbeitet sind und – hier mag's angebracht sein – auf eine psychologisch gefährliche Weise frustriert?

Weiß keiner mehr, was es bedeutet, einer gnadenlosen Gesellschaft gegenüberzustehen? Wollen die ehemals Verfolgten die verschiedenen Qualitäten des Verfolgtseins gegeneinander ausspielen und ernsthaft die Termini »kriminell« und »politisch« in absoluter Reinheit voneinander scheiden, einer Gruppe gegenüber, die ihre Erfahrungen unter Asozialen und Kriminellen gesammelt hat, und auf dem Hintergrund einer Rechtsgeschichte, wo das Stehlen einer Mohrrübe schon als kriminell galt, wenn ein Pole, Russe oder Jude sie stahl? Das wäre weit unter einem Denkniveau, wie es unter verantwortlichen Politikern üblich sein sollte.

Ulrike Meinhof will möglicherweise keine Gnade, wahrscheinlich erwartet sie von dieser Gesellschaft kein Recht. Trotzdem sollte man ihr freies Geleit bieten, einen öffentlichen Prozeß, und man sollte auch Herrn Springer öffentlich den Prozeß machen, wegen Volksverhetzung.

Die inzwischen längst nicht mehr so jungen Herren Pragmatiker, die allerorts in wichtigen beratenden Funktionen sitzen, manche von ihnen mitten in der politischen Verantwortung; sie, die gelegentlich Plattheit und Pragmatismus aufs gröblichste miteinander verwechseln; die so mühelos und schmerzlos vom Faschismus in die freiheitlich demokratische Grundordnung übergewechselt haben oder worden sind; sie waren bis 1945 zu gläubig oder zu dumm, um nachdenklich zu werden, im Jahre 1945 waren sie zu jung, um für schuldig gehalten zu werden. Sie waren »desillusioniert«, ein bißchen reumütig, sehr rasch bekehrt, und ihre Schmerzen waren nicht viel mehr als ein bißchen Hitlerjugendwehwehchen.

Diese gelegentlich etwas glattzüngigen Mechaniker, die alles so gut und das meiste besser wissen, und nun, im Vollgefühl ihrer Etabliertheit hin und wieder mit gelinder Wehmut sich nach Ideologie sehnen (wie nach einem Parfüm, das ihnen fehlt in ihrer absoluten Geruchlosigkeit), ist es ihnen nicht ein bißchen zu leicht geworden und gemacht worden, haben sie nicht ein bißchen zu wenig Ideologie, Weltanschauung, Metaphysik in Erinnerung, als daß sie begreifen könnten, was sie nie erfahren haben: was es bedeutet: verfolgt und gehetzt zu sein, ständig auf der Flucht? Als Politischer, als Krimineller, und als »Krimineller«?

Wollen sie, daß ihre freiheitlich demokratische Grundordnung gnadenloser ist als irgendein historischer Feudalismus, in dem es wenigstens Freistätten gab, auch für Mörder, und erst recht für Räuber? Soll ihre freiheitlich demokratische Grundordnung sich als so unfehlbar darstellen, daß keiner sie in Frage stellen darf? Unfehlbarer als alle Päpste zusammen je waren? Ich weiß, das sind viele Fragen, aber fragen dürfen wird man ja noch.

Die Bundesrepublik hat mehr als 60000000 Einwohner, die Gruppe um Ulrike Meinhof wahrscheinlich inzwischen sechs Mitglieder. Die Auflage von ›Bild‹ liegt wohl um die 4000000, die Zahl der Leser wahrscheinlich um die 10000000. Die Weihnachtsbotschaft von Herrn Springer lautete: »Baader-Meinhof-Gruppe mordet weiter.« Mordet. Weiter. Fröhliche Weihnachten gehabt zu haben und ein glückseliges Neues Jahr. Harte Gräten, zähe Karpfen. Soviel Liebe auf einmal wie Herr Springer sie uns bietet, ist schwer zu ertragen, besonders in einem Rechtsstaat.

Über Willy Brandt
[1972]

Wenn mir einmal vier oder fünf Monate Zeit (mit der dazu gehörigen Ruhe) in den Schoß fallen, würde ich gerne einen längeren biographischen Essay über Willy Brandt schreiben. Nicht indiskret, doch neugierig würde ich gern auf meine Weise erforschen: Lübeck um 1913, Straße, Milieu, in denen Willy Brandt aufwuchs, die Schulen, die er besuchte und absolvierte; ich möchte herauszufinden versuchen, was es bedeutet haben kann und muß, in einer so respektablen norddeutschen Stadt im Jahr 1913 das gewesen zu sein, was man eine uneheliche Mutter zu nennen beliebte. Welche Verletztheit und Verletzlichkeit da vor- und mitgegeben wird von jener Ehrbarkeit bürgerlicher Provenienz, die spätestens seit den ›Buddenbrooks‹ in ihrer verlogenen Brüchigkeit beschrieben wurde. Und wie erstaunlich wenig haben sich Willy Brandts Verletztheit und Verletzlichkeit je in Aggression geäußert. Offenbar verletzt der Verletzliche nicht gern, und das macht ihn den sporenklirrenden, gelegentlich die Peitsche schwingenden Herren von der Herrenpartei so verdächtig.

In Willy Brandts Lebenslauf liegt Stoff für eine Legende, fast für ein Märchen, das wahr wurde. Nicht der legitime Aggressionskatholik aus München wurde Bundeskanzler, sondern der illegitime Herbert Frahm aus Lübeck, der diesen von der bürgerlichen Gesellschaft mitgegebenen Urmakel, diese Idioten-Erbsünde auch noch verstärkte, indem er Sozialist und außerdem noch Emigrant wurde. Und er wurde Bundeskanzler nicht mit legalistischen Tricks, sondern legal.

Willy Brandt ist inzwischen so selbstverständlich geworden, daß man alle diese Laufbahnhindernisse allzuleicht vergißt. Da ich trotz massiver (nicht häuslicher, wie ich gerechterweise hinzufügen muß) katholischer Indoktrinierung nie begriffen habe, auch schon nicht als mehr oder weniger braver katholischer Junge – was die Vertreter und Verfechter einer Religion, deren Menschgewordener, wenn auch nicht im Sinne irgendeines bürgerlichen Rechts »unehelich«, so doch der Sohn einer Jungfrau war; da ich nie begriffen habe, was sie gegen Unehelichkeit einzuwenden haben könnten und mich auch permanent und mit Erfolg geweigert habe, diese Eigenschaft an Mutter und Kind als Makel zu empfinden; da ich immer nur die Diskriminierung der

Betroffenen beobachten konnte (wiederum nicht zu Hause, sondern da draußen in der christlichen Umwelt, in die ich unvermeidlicherweise hineingeriet – wohin sonst hätte ich mich wenden können, ich tumbes Brüderlein), ist die Bundeskanzlerschaft eines unehelich Geborenen für mich nicht märchenhaft oder wunderbar, sie ist es nur, betrachtet man sie auf dem soziographischen Hintergrund einer Herren- und Damengesellschaft, die bereit ist, diesen Makel bei Adel und Bürgertum amüsant zu finden, ihm bewundernd Respekt zu bezeugen, es »barock« und »katholisch«, die »Sündhaftigkeit« der oberen Stände »köstlich« zu finden, wenn ein Don Juan d'Austria daraus wurde – sich aber schäbig und mies verhielt, wenn Unehelichkeit sich in den unteren Ständen abspielte.

Ich mag hier nicht wieder und noch einmal mit Konrad Adenauer hadern; er mag mehr Verdienste haben, als ich zu erkennen imstande bin, und möglicherweise hat er nur einen politisch gravierenden Fehler gehabt und begangen: daß er zu lange regierte und mit greisenhafter Bosheit seine eigene Größe in lauter senile Kleinlichkeit auflöste. Ein solches Ende nenn ich nun wahrhaft destruktiv, und das wird durch ein pompöses Pontifikalrequiem (das protestantischen oder atheistischen Staatsmännern in seiner Inszenierung Ehrfurchtschauer über sämtliche vorhandenen Rücken jagen mag) nicht aufgehoben, ebensowenig durch ein churchillistisch inszeniertes Staatsbegräbnis. Was ich Adenauer nicht vergessen kann, sind seine Wahlkampfparolen vom unehelichen Kind und Emigranten Willy Brandt. Das ist *kaum* zweieinhalb Wahlperioden her, und es klingt, wenn auch nicht expressis verbis, so doch im Ton an, wenn der überschneidige Herr Wörner christliche Bemerkungen abläßt und wenn der ebenfalls christliche Herr Marx, während der Pontifex Maximus christlicher Politik, Franz J. Strauß spricht, zwischenfragt, ob der Herr Bundeskanzler vielleicht schon seine Koffer packe. Der mißglückte Versuch, Willy Brandt zu stürzen, macht diese Zwischenfrage zu einer parlamentarischen Peinlichkeit ersten Ranges, und man sollte sich des intellektuellen Niveaus erinnern, das aus einem Triumphkurzschluß dieser Art spricht, wenn der gleiche Herr bedeutungsschwere und verantwortungsschwangere Interviews über politische Fragen gibt.

Ich brauche Willy Brandt nicht mehr mit der Niveaulosigkeit der CDU während der Mißtrauensdebatte zu verteidigen, und doch muß sie erwähnt werden, weil kein einziger Redner der CDU, keiner, staatsmännisches Niveau zeigte, während Brandt und Scheel die besten staatsmännischen Reden ihrer Laufbahn hielten. Strauß zeigte noch weniger Niveau als Barzel; nicht einmal Hans Katzer zeigte Niveau. Er, der nun wirklich seine sozialpolitischen Batterien hätte auffahren müssen, statt dessen aber immer wieder allzu deutlich seine persönliche Gekränktheit durchblicken und -klingen ließ, und, unbewußt wahrscheinlich, seinen Zorn gegen diese Herrenpartei, die ihn in Düsseldorf auf eine so aberwitzige Weise hatte abfahren lassen, gegen die SPD wendete. Schade. Hoffentlich haben Arbeitnehmer aller Art richtig hingehört. Man hatte die große Stunde der Opposition erwartet: das Konstruktive, das über das Angebot einer Barzelkanzlerschaft hinausgegangen wäre. Nichts. Nichtssagend. Die Opposition präsentierte eine jetzt schon verschlissene Garnitur. Stellt man sich nun noch die Schattenminister Dregger und Jaeger aktiv bei dieser mißglückten Inszenierung vor, man hätte es noch besser gewußt. Es war die mißglückte Show eines Herrenclubs, in den Hans Katzer nun wirklich nicht hineinpaßt. Die CDU/CSU fühlte sich zu sicher; das ist nie gut. Die Regierungskoalition rechnete mit allem; das ist immer besser. Wenn die CDU endlich einmal lernen könnte, ihrerseits der CSU (aber womit?) zu drohen, anstatt sich immer wieder von ihr bedrohen zu lassen. Und warum immer wieder auf Strauß hören oder gar setzen, wenn man doch weiß, das er nördlich des Mains keine Chance hat und immer ein glückloser Politiker gewesen und geblieben ist, dessen einzige Stärke sein Hinterland ist. Warum nur läßt sich die CDU, die nun wirklich nicht mehr von Adenauers Erbe zehren kann, eine politische Erbschaft anhängen, die nicht einmal andeutungsweise Adenauers Erfolge und seine Beliebtheit aufweisen kann?

Was für Willy Brandt spricht: Er ist der erste deutsche Kanzler, der aus der Herrenvolktradition herausführt; natürlich ist er (und das fast zu sehr), mißt man seine Höflichkeit, seine Geduld, seine Treue und Fairneß am bürgerlichen Ideal des »Herren«, ein solcher, während, an diesem bürgerlichen Ideal gemessen, die Herren Adenauer, Wörner, Marx keine sind oder waren; und doch ist Willy Brandt kein Herrenvolkkanzler, und er ist kein Herr und Herrscher, der mit den Sporen klirrt und die Peitsche gelegentlich blicken läßt. Ich glaube, das ist noch nicht begriffen worden, und er selbst mag manchmal nicht begreifen, woher diese wütende, haßgetränkte Abneigung gegen ihn kommen mag; nicht nur, das er ein »Sozi« ist, nein, er ist auch kein »Herr« und »Herrscher«.

Was so für ihn spricht, scheint bei den Wählern aus der Arbeitnehmerschaft katholischer Provenienz gegen ihn zu sprechen; wollen sie, verlangen sie den Herren; wollen sie immer noch, wie es üblich war, am Ende der Fronleichnamsprozession (falls diese noch geht) als das müde Fußvolk, dessen Marschtempo vorne bestimmt wird, mit ihrer katholischen Arbeiterfahne hinterherzockeln, während den Herren die Ehre zuteil wird, da vorne mit Bischof und »Akademikerverband« ganz nah am »Allerheiligsten« den Flambeau tragen zu dürfen?

Wer kennt nicht das Elend der nicht so groß Geratenen bei der Infanterie, die am Ende eines langen Marsches mehr oder weniger laufen, trippeln, immer aufholen müssen, während die größer Gewachsenen da vorne immer noch gelassen einhermarschieren. Die Atemlosigkeit des kleiner geratenen Fußvolks, das dazu verurteilt ist, einen langen Marsch fußkrank zu beenden.

Was außerdem für Willy Brandt spricht, sind die, die man ihm immer wieder als Dreck am Stecken an den Kopf zu werfen versucht: die Jusos. Er denkt nicht nur nicht daran, sie fallenzulassen, er verteidigt sie, und wenn er sie als bewegende Kraft zu definieren versucht, so ist das keine Taktik; er mag sehr wohl wissen, daß Kompromiß die schlimmste aller Alterserscheinungen ist, und es mag, es muß ihn die Junge Union, ein weiterer Untergangsfaktor für die CDU/CSU, abschrecken. Die CDU/CSU sollte sich ein paar Berufsradikale für die Junge Union anheuern, die ein bißchen Wirbel, hin und wieder einen kleinen Skandal verursachen, und wär's auch nur, um zu beweisen, daß diese »Jugend« wirklich »jung« ist. Wenn diese Junge Union nicht einmal ausdrücklich wenigstens Programm und Ziele, Argumente der Sozialausschüsse übernimmt, dann sollte die noch immer stärkste Wählergruppe, die Arbeitnehmer, doch endlich merken: Hier hat man's mit Kasinogalopins zu tun, denen die Angst vor der Majorsecke Schneidigkeit als die beste aller Anpassungschancen vorschreibt.

Natürlich gibt es da auch Herren in der SPD und im Kabinett Willy Brandts, mehr oder weniger geglückte Herren, und es gibt die ganz und gar geglückten Herrn, die selbst, wenn sie wollten, ihren Habitus nicht loswerden, und wär's auch nur die fast schon per Mutation sitzende Geste, mit der man im rechten Augenblick die richtige Hand richtig unter die Weste klemmt; das sitzt, wie bei den Katholiken das Kniebeugen und das Bekreuzigen mit Weihwasser. Mir scheint – und das mag gegen Willy Brandt sprechen – er geht zu zaghaft mit den Herren in der Gegen- und in der eigenen Partei um, und da unterliegt er nicht einer persönlichen, sondern einer historischen Schwierigkeit: Er hat kein Vorbild in der deutschen Geschichte, er muß sich an sich selbst bilden, und seine Partei, so scheint es, macht ihm wenig Mut. Ich finde es verhängnisvoll und falsch, Willy Brandt mit Friedrich Ebert zu vergleichen, der nun wirklich von zwei gegensätzlichen Kräften, von den Herren und ihren geborenen Gegnern, den Intellektuellen, ermutigt und letzten Endes abserviert wurde. Man muß sich, um das Herrenverhängnis recht würdigen zu können, an die Schnödigkeit Hindenburgs gegenüber Brüning erinnern, von dem Hindenburgs Schwiegertochter, als er abserviert wurde, sagen konnte, es sei doch gut, daß man die »plebs« nun los sei. Wohlgemerkt, das wurde von Heinrich Brüning gesagt, der ein überzeugter Hauptmann der Reserve und gutbürgerlicher Herkunft war: nicht unehelich, nicht Emigrant und auch kein Sozi. Wie müssen diese Herren und ihre Töchter erst über Friedrich Ebert gedacht haben. Als einer, der von 1930 an deutsche Geschichte bewußt erlebt hat, empfinde ich mich nicht als mit Kanzlern verwöhnt, und ich betrachte Willy Brandt als Wunder, analysiere ich die permanente Herren-Nachfolge und die Schnödigkeit ihres Tons, die bei den Herren Wörner und Marx für mich mitklingt. Es wird Zeit, daß Deutschland von der »plebs« regiert wird, und bedürfte dieses Wort nicht einer umfangreichen und umständlichen Reinigung, hätte es nicht immer noch einen Beiklang, der als kränkend empfunden werden könnte, so würde ich Willy Brandt als das bezeichnen, womit ich mich selbst ohne weiteres bezeichnen werde: als Plebejer. Da Plebs und Demos wenn auch nicht exakt, so doch annähernd das gleiche bedeuten, so könnte man vielleicht legitimerweise den Begriff der Plebokratie einführen, denn Demos hat auch im Griechischen durchaus die verächtliche Nebenbedeutung von Volksmenge oder Volksmasse. Plebejisch wäre dann, nimmt man die Worte wieder beim Schopf, nicht verächtlicher als demokratisch. Der berühmte Junge oder das Mädchen aus dem Volke hat sich seine demokratische Zukunft bisher so vorstellen müssen: Ein Herr oder eine Dame zu werden oder den einen oder die andere zu heiraten; man hatte die Herrenbarriere zu nehmen, die Herrenriten über sich ergehen zu lassen (da gilt die Tatsache, ein uneheliches Kind gezeugt zu haben, dann nicht einmal mehr als Kavaliers*delikt*, sondern als Rosette im Knopfloch!). Man hatte schneidig, rücksichtslos, erfolgreich zu sein; dieses Modell, das ein paar mehr oder weniger humane Variationen haben mag, dem die ihm innewohnende Herablassung schon habituell geworden ist, hat, da es nicht nur in Kirchen, auch in allen christlichen Vereinen praktiziert wurde, das Wort »christlich« für mich, angewendet nicht auf Personen, sondern auf Institutionen, die es für sich beanspruchen, zu einem Schimpfwort gemacht.

Willy Brandt konnte gar nicht aus irgendeinem »christlichen« Hintergrund kommen, und das ist kein Nach-, es ist ein Vorteil, und er sollte einem seiner Todfeinde, dem Herrn Höffner in Köln, nicht zum Geburtstag gratulieren, wenn er sich nicht vorher vergewissert hat, daß dieser ihm, dem Bundeskanzler der Bundesrepublik Deutschland, auch mal gratuliert hat; wenn ja, dann mögen »Potentaten« Geburtstagsglückwünsche austauschen, überflüssige Telegrammgebühren, wie ich finde, aber bitte; was zu befürchten ist, daß Herr Höffner Willy Brandt auch nicht andeutungsweise für einen »Potentaten« hält, sondern für einen Betriebsunfall, der möglichst bald durch Barzel oder Strauß repariert werden sollte.

Es gibt in der CDU/CSU keine auch nur annähernd mit Willy Brandt vergleichbare Figur oder Person. Nicht einmal auf dem witzigsten und ausgelassensten Herrenabend käme irgendeiner auf die Idee, etwa Hans Katzer als möglichen Bundeskanzler zu erwägen, und – was noch schlimmer ist, auch er selbst käme wohl in seiner allzu großen Bescheidenheit nicht auf die Idee. Er ist doch Vertreter der Arbeitnehmerschaft, und die machen doch *nur* schätzungsweise neunzig bis fünfundneunzig Prozent des Demos oder der Plebs aus. Ein »Mann aus dem Volk« kann nie Herr übers Volk werden.

Willy Brandt müßte unbestritten der Kandidat des Demos sein, nach dem man die Demokratie benennt.

Willy Brandt steht am Anfang einer kurvenreichen Strecke, die noch lange nicht genommen ist: Die Untertanen des ehemaligen Herrenvolks sind sich noch nicht klar darüber, ob sie wieder Herren haben und sein möchten, oder ob sie sich selbst, dem Volk, nicht wenigstens ein wenig Herrschaft zutrauen können. Noch ist die neue Zeit, die Willy Brandt repräsentiert, nicht gekommen; das liegt an ihm, am Volk, an dessen Herren. Die zweite Regierungsperiode Brandt würde schwerer als die erste: nicht mehr das Übergewicht Außenpolitik. Innenpolitik wird diese Regierungsperiode beherrschen; man wird ihm die »Linksradikalen« anrechnen, die Inflation, die Bildungspolitik vorhalten; sämtliche internationalen Krisen wird man ihm als nationale aufhalsen; ich weiß nicht recht, ob ich das alles Willy Brandt wünschen möchte; er wird viel Mut, Bestärkung und Zuversicht brauchen, von den Wählern, aus dem Volk. Seine Partei ist so rasch bereit, die Stühle zu räumen, und es riecht noch und immer wieder nach großer Koalition; das wäre der schlechteste aller schlechten Auswege.

Die Worte Plebs und plebejisch bedürfen noch einer Ergänzung durch die bisher noch nicht entdeckte und (auch im sozialistischen Realismus) noch nicht beschriebene »plebejische Sensibilität«, der man sehr rasch die Anführungsstriche nehmen muß. Die Herren sind nämlich nie sensibel oder gar zimperlich gewesen: weder in ihrem sexuellen noch in ihrem finanziellen Gebaren. Das haben sie immer ihren Frauen überlassen, die Klavier spielten, Rilke lasen, Vernissagen besuchten und gegebenenfalls irgendeinem sensiblen Jungen aus dem Volk zu Füßen liegen durften, wie etwa jenem Jesus von Nazareth. Die Nikodemusse waren immer rar. Es ist ein verfluchtes, durch Literatur und bildende Kunst bis in die Gegenwart hineintransportiertes Klischee, daß die »plebs« nicht sensibel, komplizierten Empfindungen nicht zugänglich oder deren nicht fähig sei. Willy Brandt tritt nicht nur dafür, er tritt für viele Klischees ähnlicher Art den Gegenbeweis an. Er sollte nicht zu zaghaft mit den Herren, innerhalb und außerhalb seiner Partei, umgehen. Die sind hart im Geben und im Nehmen, wenn's sich im Herrenclub abspielt. Von einem »Sozi« nehmen sie natürlich nichts, dem geben sie's nur.

Die Würde des Menschen ist unantastbar
Vorwort zu ›Wie links können Journalisten sein?‹
[1972]

Das Grundgesetz für die Bundesrepublik Deutschland ist wahrscheinlich die bestmögliche Verfassung, die ein Staat sich im 20. Jahrhundert geben konnte. Abschnitt 1 des Artikels 1 dieses Grundgesetzes (Zitate nach der 10. Auflage der dtv-Ausgabe, Stand vom 1. März 1970) lautet: »Die Würde des Menschen ist unantastbar. Sie zu achten und zu schützen ist Verpflichtung aller staatlichen Gewalt.« Konfrontiert man diesen Artikel mit dem in der Springer-Presse üblichen Berichterstattungsstil, so muß man sich fragen, wo die staatliche Gewalt bleibt oder geblieben ist, die so rasch, mit ungefähr 50 Beamten zur Stelle war, als es galt, den ›Schüler-Kalender‹ des Wagenbach-Verlages zu beschlagnahmen, und man muß sich fragen, ob die Krokodilstränen, die nun ob der Ungemach vergossen werden, die man der Denunziationsbrutstätte ›Quick‹ angedeihen läßt, nicht doch ein bißchen zu dick ausfallen. Es war kein Kamerateam des SFB zugegen, als man den Wagenbach-Verlag besuchte. Und doch, natürlich, sind wir alle vor dem Gesetz gleich. Daß nicht nur Verdächtige, daß auch Kriminelle ein Recht auf die Unantastbarkeit ihrer Menschenwürde haben, daß sie ihnen sogar gewährt werden muß, wenn sie selbst sie verletzt und verhöhnt haben, ist wohl zu selbstverständlich, als daß man es ›Bild‹-Lesern zumuten könnte. Eines Tages wird sich hoffentlich ein Doktorand der Sexualpsychopathologie des Springer-Polit-Porno-Krimis annehmen, als den man die Berichterstattung über die Baader-Meinhof-Gruppe bezeichnen muß. Höhepunkt dieses Respekts vor der Menschenwürde der ›Bild‹-Leser waren die ›Bild‹-Ausgaben nach der Verhaftung von Baader, Meins und Raspe in Frankfurt. Ich nehme an, das Nacktfoto von Baader, der da in seiner ganzen Männlichkeit auf der Bahre hingestreckt lag, war als Sonntagsnachmittags-Pin-Up für die Menschenwürde der deutschen ›Bild‹-Hausfrau gedacht. Und eines Tages mag ein wohlmeinender Zeitgenosse vielleicht schüchtern wagen wollen, erfahren zu dürfen, wie Fotos, die nur Polizeifotos sein können (Gudrun Ensslin im Polizeihubschrauber) in die Presse geraten, und seit wann es erlaubt ist, ein Röntgenfoto, das doch in die hochheilige Intimsphäre gehört, ohne Einwilligung der in ihren

Organen dargestellten Person veröffentlicht werden darf, auch wenn diese Person der Zeitgeschichte Ulrike Meinhof heißt. Das sind natürlich alles Kinkerlitzchen, die in einem Rechtsstaat mit einer so makellosen Verfassung nicht so wichtig sind. Man muß sich nur, wenn man das alles beiseite schiebt, fragen, wer denn nun das Vertrauen im Staat und Staatsgewalt zerstört? »Die Würde des Menschen ist unantastbar. Sie zu achten und zu schützen ist Verpflichtung aller staatlichen Gewalt.« Es wäre doch nicht nur moralisch und im Sinne der Verteidigung des Rechtsstaates, es wäre doch sogar taktisch klug, und es wäre einer Sondersitzung des Rechtsausschusses im Bundestag wert, wenn zur Abwechslung nun einmal die Konservativen, die Liberalen, die Rechten, ja sogar die Reaktionären protestierten. Das wäre ein Schlag gegen die Linken und die »Linken«! Protestieren etwa gegen das Urteil gegen Werner Hoppe. Es ist doch nackter Hohn, wenn man ihn zu zehn Jahren verurteilt und außerdem noch das Urteil als eine Art Preisermäßigung von siebzehn Jahren auf zehn Jahre darstellt. Dieses Urteil ist der vorläufige Ausläufer einer zweiten Einschüchterungswelle, der die Bundesrepublik Deutschland zur Zeit unterworfen wird. Nicht Einschüchterung von Bombenlegern, Verdächtigen, Kriminellen, Mitläufern; es wird wohl kaum gelingen, sie auf diese Weise einzuschüchtern, durch ein solches Urteil wird ja ihre Theorie von der Klassenjustiz eher bestätigt. Nein, die Einschüchterung der gesamten kritischen Intelligenz eines Landes mit der wahrscheinlich bestmöglichen Verfassung. Wie Angst vor dem Aussatz geht doch Ansteckungsangst, eine Nebenerscheinung des Anankasmus, durchs Land. Ein an Schwachsinn grenzender Distanzierungsmechanismus. In manchen Funkhäusern, höre ich, darf man kaum noch riskieren, das Wort Kapitalismus auszusprechen, und aus dem Titel einer kritisch analytischen Sendung mußte das Wort »proletarisch« gestrichen werden. Warum eigentlich mußte sich Klaus von Bismarck von dem Bornemann-Interview distanzieren? Hat er es denn gegeben? Distanziert er sich vor der gelegentlich unerträglichen Morgenmusik des WDR, obwohl er sie weder komponiert hat noch gespielt? Seit wann muß man sich lautstark von etwas distanzieren, mit dem man sich nie identifiziert hat. Muß von nun ab jeder publizierende Bundesbürger jeden Morgen hübsch brav seine Distanzierungslitanei aufsagen? Muß ich mich vom Flick-Konzern distanzieren, oder von meiner Frau, mit der ich, wenn auch verheiratet, so doch nicht identisch bin? Und wer anders als die Springer-Presse hat denn mit vorläufigem Erfolg diese zweite Einschüchterungswelle bewirkt? Liest man das Bornemann-Interview in Ruhe kritisch durch, möchte man vielleicht über ein paar Passagen mit Bornemann streiten, aber ist man denn Bornemann, und seit wann darf ein Psychologe nicht mehr als Psychologe argumentieren? Muß das zur Folge haben, daß man ihm mit Ausweisung droht, daß Funk und Fernsehanstalten ihn wie einen Aussätzigen meiden?

Vor ungefähr einem halben Jahr hat Minister Dr. Posser geschrieben: »›Bild‹ regiert: ein Alptraum.« Ich erlaube mir die Gegenfrage: Regiert ›Bild‹ etwa nicht, oder nicht wenigstens mit, und regieren nicht auch Bilder, wenn Artikel 1 des Grundgesetzes täglich offen verhöhnt, mißachtet und verletzt wird? Wer zerstört denn da das Vertrauen in Staat und Staatsgewalt, sind es die berüchtigten vollidiotischen Humanitätsdusel, oder ist der Artikel 1 des Grundgesetzes humanitätsduselig? Elf Millionen Bundesbürger schlürfen täglich den Polit-Porno-Zynismus von ›Bild‹ ein. Helmut Schmidt soll einmal gesagt haben, ein Abgeordneter, der sich gegen Springer verwende, begehe politisch Selbstmord. Nehmen wir die Last dieses Zitats von Helmut Schmidt und schreiben es *irgendeinem* Politiker zu, so könnte sich ein Bundestagshamlet heute fragen: Mord am Grundgesetz oder Selbstmord, das ist hier die Frage.

Es ist doch nachgerade unfaßbar, wenn man hierzulande unter Gewalt nur noch die Gewalt von Bomben und Maschinenpistolen versteht. Übt eine ›Bild‹-Schlagzeile keine Gewalt aus? Welche? Was wird da angerichtet in den Köpfen, im Bewußtsein, am Aggressionspotential dieser elf Millionen Süchtigen, die der politisch gefährlichsten aller Süchte, der ›Bild‹-Sucht unterworfen sind. Und welche Gewalt haben die rund vier Milliarden DM ausgeübt, die im Jahre 1971 für Zeitungsinserate ausgegeben worden sind? Natürlich nicht die geringste. Ich weiß, es ist Mode geworden, die Springer-Presse einfach für indiskutabel zu halten. Ich mag mir diesen intellektuellen Luxus nicht leisten. Die erste erfolgreiche Einschüchterungswelle, die Anfang der fünfziger Jahre an- und Ende der fünfziger Jahre auslief, ist mir noch zu gut in Erinnerung; es war eine großangelegte Intellektuellen- und Kommunistenhatz, bei der der jetzige Bundeskanzlerkandidat der CDU/CSU eine klägliche und peinliche Rolle mit seinem Komitee »Rettet die Freiheit« spielte. Diese zweite Einschüchterungswelle Anfang der siebziger Jahre ist gespenstischer, weil ihr Ziel nicht so sichtbar und handfest ist wie bei der ersten. Damals war das Ziel die Remilitarisierung. Worum kann es heute gehen? Die gesamte Halali-Gruppe, zu der keineswegs nur der Springer-Konzern gehört, müßte doch eigentlich der Baader-Meinhof-Gruppe Denkmäler bauen, da sie, ausgerechnet sie, einen Einschüchterungsvorwand geschaffen hat, wie man ihn besser nicht hätte erfinden können. Wird diese Neigung zu Untertänigkeit, Gleichschritt, Gleichschaltung anhalten? Wenn die SPD offenbar entschlossen ist, medienpolitisch Selbstmord zu verüben, wenn sie 10 weitere Prozent der Berliner Presselandschaft kampflos dem Springer-Konzern überläßt: Wenn der SFB ohnehin springerkonform ist und man sich doch schon wundern muß, warum Herr Walden noch nicht Intendant ist; wenn jede Konzentration (siehe ›Kölnische Rundschau‹, ›Rheinische Post‹) immer nur nach rechts ausschlägt und keinerlei linke Konzentration auch nur andeutungsweise sichtbar wird; wenn die Wochenzeitung ›Publik‹ auf die schnödeste Weise einfach fallengelassen wird, gleichzeitig die ›Kölner Kurie‹ mit verblüffender Offenheit dem ›Rheinischen Merkur‹ zwei Millionen Mark zuspricht; wenn sich die erfolgreichen Einschüchterungsversuche der CDU/CSU Funkanstalten gegenüber immer weiter fortsetzen und mit unnachahmlicher christlich-sozialer Chuzpe das Bayrische Rundfunkgesetz durchgepaukt und eine Bürgerinitiative dagegen offen behindert werden kann, dann wird man uns eines Tages das Grundgesetz um die Ohren schlagen und seine besten Artikel zu höhnischen Wandsprüchen erniedrigen. Man könnte resignieren und einer geheimen Neigung zum l'art pour l'art und zur mildgereiften Anarchie erliegen, gäb's da nicht Gruppen, die einem Hoffnung lassen. Den Berliner ›Extradienst‹, der eine unentbehrliche Informationsquelle geworden ist, das ›Publik Forum‹, das Herausgeberteam dieses Buches, die alle anderswo anknüpfen als an jene unerträgliche Untertänigkeit, die mit ebenso unerträglicher Selbstgefälligkeit gepanzert ist; ich schließe die liberalen, konservativen, liberal-konservativen Zeitungen nicht aus, bei denen der politische und der Wirtschaftsteil kritiklos kapitalistisch, das Feuilleton gemäßigt links ist, man aber eigentlich erst, wenn ganze Zeitungsseiten mit Todesanzeigen fällig werden, merkt, wer dahintersteckt (oder gesteckt hat). Die Jusos und die Jukas (Abkürzungsvorschlag für Jungkatholiken, deren Urahn der 1963 im Alter von 82 Jahren verstorbene Johannes XXIII. ist; deren zur Zeit eifrigste Vertreter in der Bundesrepublik der 68jährige Karl Rahner und der 72jährige Walter Dirks sind). Es ist ja nicht so, daß nur die SPD ihr Jusoproblem hätte, es gibt ja auch die Jungdemokraten und ein paar Jukas im Vatikan, in Spanien, Latein- und Nordamerika. Was es nur noch nicht gibt, ist eine Gruppe, die man, wenn sie auftauchen sollte, vielleicht Juchrisos nennen könnte: Jungchristdemokraten. Soeben (am 11. August 1972) verkündet ›Bild‹ auf der ersten Seite, daß Dr. Barzel wahrscheinlich seinen Urlaub wegen der ›Quick‹-Affäre abbreche. Das muß der Jungen Union ihren Kanzlerkandidaten doch sympathisch machen. Da werden sich wohl in Bonn und München die verschiedensten Krokodilstränennebenflüsse zu einem mächtigen Strom vereinigen. Natürlich ist das Vaterland in allerhöchster Gefahr, wenn ›Quick‹ ein Leids geschieht. Da ist ja geradezu die Pressefreiheit gefährdet, und das ist gegen das Grundgesetz.

Das Grundgesetz für die Bundesrepublik Deutschland hat 146 Artikel. Ich zitiere nur noch den Absatz 2 des Artikels 14: »Eigentum verpflichtet. Sein Gebrauch soll zugleich zum Wohl der Allgemeinheit dienen.« Lacht da einer, der vielleicht gerade gelesen hat, wie sehr der Flick-Nachlaß dem Wohl der Allgemeinheit dienstbar gemacht worden ist? Von wem darf hier gelacht werden? Von denen, deren Eigentum sie lediglich zu Mehr-Eigentum und deren Mehr-Eigentum sie lediglich zu Noch-Mehr-und-Immer-Mehr-Eigentum verpflichtet. Es darf der moralische Ernst des Grundgesetzes von der Springer-Presse verhöhnt und vernichtet werden. Es darf nach der Lektüre dieses Buches festgestellt werden, daß es eine Wechselbeziehung zwischen der Auflage einer Zeitung und ihrem Einkommen an Anzeigen besteht; daß Zeitungsverleger *fast* unumschränkte Herrscher sind, und zwar nicht irgendwelche in Großbritannien oder den Vereinigten Staaten, wo es eine ungebrochene Tradition des Kapitalismus gibt und eine ebenso ungebrochene Tradition des politischen Streiks (jedenfalls in Großbritannien, das man als die älteste westeuropäische Demokratie preist, wobei man gleichzeitig über seine Streiks den selbstgefälligen Kopf schüttelt, ohne sich einzugestehen, daß das eine mit dem anderen zu tun haben könnte). Die Zeitungsverleger in der Bundesrepublik sind in einer ganz anderen Position als ihre angelsächsischen Kollegen. Die meisten von ihnen sind ehemalige Lizenzträger der Besatzungsmächte. Sie bekamen eine Lizenz, eine Druckerei, Papier, und aus diesem seinerzeit relativ bescheidenen Privileg sind inzwischen Grafschaften, Herzog- und Fürstentümer geworden. Ist es erlaubt, in diesem Zusammenhang das Wort Herrschaftstruktur zu benutzen, und wenn das Wort gnädigerweise zugelassen wird, ist dann die bescheidene Frage erlaubt, wer denn wie, wo und womit herrscht oder wer da von wem, wie, wo und womit beherrscht wird? Ich beschränke mich darauf, zum Schluß noch einmal die beiden Zitate aus dem Grundgesetz zu wiederholen. Abschnitt 1 des Artikels 1: »Die Würde des Menschen ist unantastbar. Sie zu achten und zu schützen ist Verpflichtung aller staatlichen Gewalt.«

Abschnitt 2 des Artikels 14: »Eigentum verpflichtet. Sein Gebrauch soll zugleich dem Wohle der Allgemeinheit dienen.« Ich hoffe, Zitate aus dem Grundgesetz klingen noch nicht wie Hohn.

Das tägliche Brot der Bomben
oder: Law and order
[1972]

Schon der Stammbaum des kürzlich zum Superstar erkorenen Jesus Christus enthält ein paar Provokationen, die in der trockenen Aufzählung der ersten Verse des Matthäusevangeliums verloren zu gehen drohen für jeden, der sich einiger Details aus dem Alten Testament nicht mehr erinnert oder dem sie in einer purifizierten Schulbibel vorenthalten worden sind. Das steht u. a. in diesem Stammbaum, »von Juda und der Thamar stammen Peres und Zerach«. Nun mag sich der eine oder andere erinnern, daß Juda keineswegs Thamars Gatte, sondern deren Schwiegervater war; man stutzt, blättert zurück ins Buch Genesis und siehe da: Thamars Gatte Ger, Judas Sohn, machte sich dem Herrn mißfällig, und der ließ ihn sterben; Gers Bruder, der ominöse Onan, weigerte sich mit der hinlänglich bekannten Methode, dem Weibe seines Bruders Nachkommen zu erwecken, und auch er, dem Herrn äußerst mißfällig, starb. Juda vertröstet seine Schwiegertochter auf den heranwachsenden Sela, doch als der wirklich herangewachsen ist, wartete Thamar vergebens, und was tut sie? Sie legt ihre Witwenkleider ab, kleidet sich wie eine Dirne, setzt sich an den Weg, den Juda kommen muß, und er geht, nachdem er einen später zu erstattenden Preis, ein Ziegenböckchen, und als Ersatz für diesen Preis Pfänder ausgehandelt hat, zu Thamar ein; sie wird schwanger, soll, da sie gebuhlt hat, auf Anordnung ihres Schwiegervaters verbrannt werden, und nur die Pfänder, die sie wohlweislich aufbewahrt hat, retten ihr Leben und das der Zwillinge Peres und Zerach, die auf diese Weise in den Stammbaum Jesu geraten.

Hinter einem weiteren Halbvers des Stammbaums »Von David und des Urias Weib (stammt) Salomon«, verbirgt sich eine ganze listenreich ausgeklügelte Tragödie, die wie eine Dreieckskomödie anfängt, aber blutig und traurig endet; der korrekte, getreue, nicht israelische Urias muß sterben, nicht, weil er das Gesetz verletzt, sondern weil er es hält; das Gesetz, während des Krieges nicht zu seiner Frau einzugehen, obwohl David alle erdenklichen Tricks anwendet, ihn zum Gesetzesbruch zu verführen, auf daß Urias, ohne davon zu wissen, die Schwangerschaft seiner Frau Bathseba, die von David verursacht ist, legitimiere.

Sind das nur Umwege des Heils, die eine dialektische Theologie glatt erklären kann, oder notwendige Fehltritte, ohne die die Legitimationskette des Stammbaums nicht komplett wäre, und wird nicht Urias, der Reine und Heide, der kaltblütig geopfert wird, zum Vorläufer dessen, in dessen Stammbaum er keinen Platz gehabt hätte?

Die Provokationen, die im Reden und Handeln des Jesus Christus enthalten sind, sollten einigermaßen bekannt sein. Sie sind in vier Versionen und einigen Ergänzungen protokolliert, und die Welt hat nicht Berge, sie hat ganze Gebirge von widersprüchlichen Büchern, um die Widersprüchlichkeit dieser Taten und Reden herum aufgebaut; sie hat Kriege geführt, Kontinente erobert »in seinem Namen«. In der gegenwärtigen Phase der geschichtlichen Auseinandersetzung um diese widersprüchlichen Protokolle hat sich der Streit auf einen Schrumpfrest reduziert, über den in den vier Protokollen und ihren Ergänzungen nur mit Verachtung, ja gelegentlich mit Abscheu und unter drohenden Warnungen gesprochen wird: das Privateigentum. Um diesen Schrumpfrest werden Kriege geführt, erklärte und nicht erklärte, innenpolitische, außenpolitische, und doch steht in einem der Protokolle unübersehbar: Armen wird die frohe Botschaft verkündet. Aus dem Himmel über Nordvietnam fällt diese frohe Botschaft wie das tägliche Brot als mörderisches Manna Tag für Tag, und wenn man von verstärkter oder stärkster Bombardierung hört oder liest, weiß man schon gar nicht mehr: in wieviel Tonnen mehr Manna der christliche Segen einer christlichen Regierung bestehen mag. Nur eins ist sicher: täglich wird den Armen in Vietnam die frohe Botschaft verkündet – und das tägliche Bombenbrot verabreicht. Man wird sich vielleicht noch erinnern, daß Anfang dieser segensreichen Tätigkeit ein gewisser Spellman, Kardinal der römischen Kirche, den fröhlichen Einheizer und moralischen Aufrüster gespielt hat. Wo Politiker noch gezögert haben mögen, kannte er solche Schwächen nicht. Und doch wurden nicht ihm die geringsten Schwierigkeiten gemacht, sondern Don Mazzi und neuerdings dem Benediktinerabt Don Giovanni. Das steht nun am (vorläufigen) Ende der frohen Botschaft: die Bombenverkündigung des täglichen Manna für Nordvietnam. Eine wunderbare Brotvermehrung nach der anderen! Gefährdete Reisernte, während man selbst einen erheblichen Teil seines Brotes der Müllabfuhr überantwortet. Und doch steht da in den Protokollen zu lesen, daß nach der wunderbaren Brotvermehrung Sparsamkeit geübt wurde: alle

Reste wurden sorgfältig in Körben gesammelt. Wieso eigentlich, wo doch die Brotvermehrung jederzeit hätte wiederholt werden können? Liegt in diesem scheinbaren Gegensatz zwischen großzügiger Vermehrung von Brot und sorgfältigem Sammeln der Reste nicht eine Provokation verborgen, die die erkennen könnten, die einen erheblichen Teil ihres Brotes der Müllabfuhr überantworten? Noch mehr Provokationen außer den bekannteren: Erbarmen will ich, keine Opfer! Und mehrmals, ebenso eindringlich: Daß Gott der Gott der Lebendigen, nicht der Toten sei. Aber neben den provokativen Reden und Taten dieses kürzlich zum Superstar erkorenen Jesus Christus entdeckt man noch etwas sehr Eindrucksvolles, das die Wirkung der Reden vertieft, ihnen den wahren Hintergrund gibt: das Schweigen vor Gericht. Es ist das Schweigen am Ende der Mission, die tödliche Verachtung gegenüber der kirchlichen und der weltlichen Justiz. Eine merkwürdig eindrucksvolle Mischung aus Schweigen, Höflichkeit und Sachlichkeit. Höflichkeit gegenüber dem fremden Pilatus, Sachlichkeit und kurze Auskunft, wenn es um die Botschaft geht, aber Schweigen, in allen vier Protokollen bezeugtes Schweigen, wenn es um die Anklage geht, und nicht nur, wenn er selbst angeklagt ist, auch dann, wenn er – wie bei der Ehebrecherin – zum Ankläger und Richter gemacht werden soll. Da dieses eindrucksvolle, betonte Schweigen am Ende aller vier Protokolle steht, während des Prozesses, der mit dem Todesurteil endet, dürfte es ebenso wichtig sein wie die Reden: das Schweigen des Gerichteten, der auch schwieg, als er selber richten sollte.

Ist dieser Superstar jemand, der für Law-and-Order-Parolen als Vorbild dienen könnte? Welchem Law und welcher Order gegenüber übt er dann dieses tödliche, verächtliche Schweigen? In den Gesellschaften, die sich für zivilisiert halten, gibt es nur zwei Orte, an denen Law and Order herrschen: die Friedhöfe und die Museen. Auf den Friedhöfen hat man sie alle friedlich beieinander, die Hetero-, Homo-, Bi-, Über-, Unter- und Asexuellen, die Bankräuber und die Bankiers, die Richter und die Gerichteten. Friedhöfe sind notwendig, sie verdienen Respekt und gewöhnlich strahlen sie Stimmung aus, aber sie sind die Orte der Toten, nicht der Lebenden. In den Museen strahlen dort versammelte Objekte gelegentlich Unruhe aus, doch dem Besucher und Betrachter ist Ruhe verordnet. Law and Order auf Friedhöfen und in Museen, und Law and Order im Export, das sind die täglichen Bomben auf Nordvietnam als täglich gereichte heilige Kommunion. Manna, Himmelsbrot! Daß die wunderbare Brotvermehrung inzwischen in Form von Aktiengewinnen stattfindet, ist ohnehin vorausgesetzt, und daß die schweigenden Mehrheiten, die sich so gern auch die Stillen im Lande nennen, am lautesten jubeln, wenn gerichtet wird, ist eine weitere Voraussetzung.

Gewalten, die auf der Bank liegen
Rede auf dem Parteitag der SPD 1972 in Dortmund

Es ist in den vergangenen Jahren in diesem Land viel Gewalt sichtbar geworden, viel über Gewalt gesprochen und geschrieben worden. Stillschweigend hat man sich darauf geeinigt, unter Gewalt nur die eine, die sichtbare zu verstehen: Bomben, Pistolen, Knüppel, Steine, Wasserwerfer und Tränengasgranaten.

Ich möchte hier von anderer Gewalt und anderen Gewalten sprechen, von jenen, gegen die die sozialliberale Koalition erreicht hat, was sie erreichte: gegen die massive publizistische Gewalt einiger Pressekonzerne, die in erbarmungsloser Stimmungsmache die Arbeit erschwert und Verleumdung nicht gescheut hat. Hätte die sozialliberale Koalition nur so viel Prozent der Presse, wie sie Wählerstimmen gehabt hat, in fairer Kritik und demokratischer Loyalität hinter sich gehabt.

Die Zeitungen und Zeitschriften, die diese Qualitäten aufbrachten, hat man schon früh auf eine Empfehlung des CDU-Wirtschaftsrats auf die simpelste Weise unter Druck zu setzen versucht, indem man ihnen Anzeigen entzog. Und wenn man weiß, daß jährlich rund vier Milliarden Mark für Inserate ausgegeben werden, kann man sich vorstellen, welche Gewalt hinter solchen Empfehlungen steckt. Und das, obwohl die Herren, die Einfluß auf gewisse Publikationsorgane ausüben, immer so zufrieden aus Moskau zurückkommen, seitdem die Verträge, gegen die man gleichzeitig in seinen Zeitungen polemisieren läßt, abgeschlossen sind. Ist da der Verdacht erlaubt, sich vorzustellen, daß ein Teil der zukünftigen Gewinne aus dem sogenannten Ostgeschäft gegen die sozialliberale Koalition verwendet wird? Es gibt also nicht nur Gewalt auf den Straßen, Gewalt in Bomben, Pistolen, Knüppeln und Steinen, es gibt auch Gewalt und Gewalten, die auf der Bank liegen und an den Börsen hoch gehandelt werden. Wenn Sie, meine Damen und Herren, immer noch nicht wissen sollten, wo Ihr Gegner zu finden ist – die Finanzierung dieses Wahlkampfes sollte Ihnen die Augen öffnen.

Eine weitere Gewalt, gegen die Sie ihre Politik durchzusetzen hatten, war das eingefleischte, fast schon angeborene Gefühl vieler Bürger dieses Staates, denen die Sozialdemokraten als Opposition ja ganz recht waren, denen es aber doch wie eine Art

Staatsstreich, mindestens wie eine ziemliche Unverschämtheit vorkam, daß Sozialdemokraten regierten.

Regieren mußten Sie außerdem gegen eine kaum kontrollierbare Gewalt, die ich nicht denunzieren mag, weil ich sie nicht definieren kann. Selbst wenn wahr wäre, daß gewisse Profite – Profit bedeutet ja nicht nur Geld – beim einen oder anderen Abgeordneten eine Rolle gespielt haben könnten, so sollte Sie doch das nicht wundern in einer Gesellschaft, deren tägliches Gebet, deren Erziehungssystem um Profit, Gewinn, Umsatzsteigerung, Beförderung, Rekord geht.

Vor einigen Jahren hat man – ein wenig zu früh, wie sich angesichts der Debatte um die Ost-Verträge gezeigt hat – die Nachkriegsära für beendet erklärt. Vergessen hat man dabei wohl, daß möglicherweise auch die Phase eines teilweise blinden brutalen Aufbaus beendet sein könnte, und was nun zu kommen habe, sei eine Phase der Korrekturen, der Profitkorrekturen an Menschen, an der Landschaft, an den Elementen Wasser, Luft, Erde.

Korrekturen möglicherweise auch an diesem überstrapazierten Instrument Gewissen, das auf Profit synchronisiert ist, welche und wieviel Gewalt verbirgt sich in und hinter einer Profitgesellschaft? Ich überlasse es den Philosophen und Theologen, das herauszufinden und uns eines Tages zu offenbaren, was daran christlich hätte gewesen sein können.

Und wieviel Lebenswertes wird durch all diese Gewalten, die unseren Alltag kommandieren, verhindert, deformiert, gefälscht? Welche Art der Lebensentwertung findet da statt, wenn man auf den Straßen Tempo sät und Tod erntet, wenn Gewalt gegen Sachen, wenn auch unfreiwillig, die Produktion fördert, eingeklemmt zwischen blindem Profit, wie falsche Versprechen ihn bringen, und dem Lebenswerten, das man hinter sich zurückläßt? Welche Konflikte stehen da bevor?

Und nun, in diesem Augenblick, wo Sie gegen massivsten Widerstand die Lösung des allerschwersten außenpolitischen Problems der Bundesrepublik, die Liquidierung der Folgen des Zweiten Weltkriegs, eingeleitet haben, wobei Ihre politischen Gegner Geschichtsenthaltung geübt haben, in diesem Augenblick, wo Sie beginnen könnten, sich den oben angedeuteten Konflikten zu stellen, tritt derselbe Gegner mit einem sozialpolitischen Reformgesicht in den Wahlkampf.

Nicht mehr das Abendland ist bedroht, nein, jetzt wird zum Aushängeschild, was nicht alle, aber gewisse Unternehmer jahrzehntelangen sozialen Klimbim genannt haben. Mir wird bange, bange auch um Herrn Katzer, wenn ich ihn da in fast schon brüderlicher Umarmung mit genau den Herren Strauß und Dregger sehe, die ihn aus dem Landesparteitag der CDU in Düsseldorf vor nicht ganz zwei Jahren auf die zynischste, schnödeste Weise torpediert haben, während die Herren Köppler und Kohl Stillschweigen übten. Ich wüßte eine sehr gute Parole für den nächsten Parteitag der CDU, ein Zitat aus dem Grundgesetz: Eigentum verpflichtet. Und wozu Eigentum? Zu mehr und immer mehr und immer noch mehr Eigentum.

Die mehr oder weniger ersessene Kandidatur von Herrn Barzel, die peinliche Art von Gewalt, die Herrn Strauß blind zu machen scheint gegen die Zeichen einer veränderten Welt, eines veränderten Klimas – ich kann mir nicht denken, daß eine große Partei sich selbst und andere für länger oder immer mit diesen Zumutungen konfrontieren möchte. Ich möchte doch gern wissen, wie dieser plakatierte christlich-soziale Sozialreformismus sich zwischen Fortschritt, Versprechungen und Stabilität durchwursteln sollte.

In diesem CDU/CSU-Paradies würde dann alles steigen: die Löhne, die Aktiengewinne, die Gemeinschaftsausgaben, die Sozialleistungen, sogar die Rüstungsaufwendungen, wie Herr Barzel neulich andeutete – alles würde steigen, nur die Preise würden stabil bleiben und die D-Mark hart und fest.

Es würde auch nicht die geringsten Interessenkonflikte, also keinerlei Gewalt geben, und wenn wir dann endlich eine Totalgesellschaft von Vermögensunabhängigen geworden sind, wer wird dann noch arbeiten für die Zinsen, von denen wir leben wollen? Ich nehme an, die beiden Brüder, das kleine und das klitzekleine Fritzchen, die da in der Tretmühle Tempo geben und immer noch an die Chancengleichheit glauben.

Ich kann Ihnen, Herr Bundeskanzler, die Rolle des Zuschauers in diesem Paradies nicht gönnen. Sie werden gebraucht, um Gewalt, die eine wie die andere, zu verhindern, um Frieden zu garantieren; um zu verhindern, daß eine personell wie programmatisch verfallene Partei die Macht übernimmt; gebraucht, um zu garantieren, was selbstverständlich ist, aber dann nicht mehr selbstverständlich wäre: daß Rechtsprechung, Rechtspflege, Strafvollzug keine Instrumente der Rache sind; gebraucht, um einigen vergessenen Artikeln des Grundgesetzes Farbe und Wirklichkeit zu verleihen, um die Reform des Strafvollzugs durchzuführen.

Noch ein paar Sätze zu der Eigenschaft, in der ich hier spreche. Ich spreche im Namen der Sozialdemokratischen Wählerinitiative, die aus mehreren hundert Gruppen und zigtausend freiwilligen Helfern besteht, die alles tun, um eine zweite Regierung Brandt zu ermöglichen. Ich definiere diese Initiativen, die täglich mehr werden, als eine Gegengewalt von Bürgern, die, erschrokken über den finanziellen Aufwand, der gegen Sie mobilisiert wird, erkennen, was auf dem Spiel steht: der Übergang von einer Unternehmer- zu einer Arbeitnehmer-, von einer von Vorurteilen bestimmten zu einer aufgeklärten Gesellschaft. Und so ist es gewiß kein Zufall, daß zum ersten Male in der deutschen Geschichte eine Gruppe von katholischen Theologen, Professoren, Publizisten – ich nenne nur die Namen Dirks, Lengsfeld, Greinacher, Erb – offen und energisch als Wahlhilfe für die SPD wirken. Beim nächsten Wahlkampf wird es dann hoffentlich nicht mehr notwendig sein, konfessionelle Adjektive zu verwenden. Eines kann ich Ihnen, glaube ich, voraussagen: Die zweite sozial-liberale Koalition wird es nicht leichter haben als die erste, und von Kritik, auch von unserer, wird sie nicht verschont bleiben.

Luft in Büchsen
[1972]

Im Bahnhof Zoo in Berlin gibt es schon lange Büchsen zu kaufen, in denen sich laut Aufschrift »Berliner Luft« befindet, wohl ein sentimentales Mitnehm- oder Mitbringsel für jene, die Berlin verlassen oder verlassen haben. Dieser witzige Einfall der Souvenirindustrie könnte sich bald zum ernsthaften Verkaufsschlager entwickeln, und die Aufschrift brauchte nicht einmal »Berliner Luft«, sondern einfach »Luft« heißen. Nicht Sauerstoff, nicht, was eiserne Lungen spenden, sondern ganz gewöhnliche Atemluft. Man würde dann morgens seinen Kindern ein paar Büchsen davon mit auf den Schulweg geben, selbst welche mit in die Fabrik oder ins Büro nehmen und beim Frühstück oder in der Mittagspause zwischen Brot, Milch, Kaffee ein paar Schlucke frische Luft zu sich nehmen. Da es Wasser (nicht Mineralwasser, sondern ganz gewöhnliches Quellwasser) schon zu kaufen gibt, erscheint mir die Vorstellung von Luft in Büchsen keineswegs als eine satirische Übertreibung. In einer so produktiven, effektiven, dauernd ihren Profit und ihren Umsatz steigernden Welt wird es (für uns Europäer jedenfalls) genug Brot, Wein, Schnaps, sogar Milch, Butter und Bier geben, aber kein Wasser und keine Luft mehr. Manchmal, wenn ich mein Auto in einem Parkhaus oder auf einem Parkplatz abstelle, hätte ich ganz gern eine Büchse Frischluft bei mir. Wenn wir, diese tüchtigen modernen Menschen in dieser modernen Industriegesellschaft nach einem neuen Mythos suchen, so bietet sich fast nur einer an: die Sage vom König Midas, dem alles, was er berührte oder mit dem er in Berührung kam, zu Gold wurde. Setzt man für Gold Produktivität, Effektivität, Profit, Gewinn, Zuwachs, so könnte dieser Mythos bald passen.

Ganz gewöhnliche Atemluft wird als Kostbarkeit gehandelt werden, und wir werden zig Kilometer aufs Land hinausfahren, irgendwohin, wo es noch richtiges, ganz normales Trinkwasser geben soll, und wir werden es von Wochenendausflügen in Flaschen, Ballons oder Schläuchen mit nach Hause nehmen, weil wir festgestellt haben, daß es besser schmeckt als das, was unser Wasserhändler uns täglich oder wöchentlich liefert. Alle Früchte und Genüsse dieser Welt werden zu unserer Verfügung stehen, nur das Wasser wird knapp und die Luft rar sein. Mitten in unseren herrlichen Superstädten, wo wir U-Bahnen bauen, damit noch mehr Platz für Autos entsteht, wird wahrscheinlich eine urtümliche, orientalisch anmutende Gestalt wieder auftauchen: der Wasserhändler, und neben ihm stehen wird eine ganze neue Kategorie Händler: der Luftverkäufer. Auch er wird einen großen Tankwagen haben und wird uns für eine Mark oder zwei mal kurz seinen Luftschlauch an den Mund halten. Das Erlöschen des Feuers in den modernen Heimen und Häusern hat ja schon einen neuen Industriezweig kreiert: die Aktenverbrenner oder -zerreißer, denn da man in seiner eigenen Wohnung nichts, aber auch nichts mehr verbrennen kann, möchte man ja nicht seine gesamte Korrespondenz oder seine Akten der Müllabfuhr anheimgeben.

Über die Ausbeutung des Menschen durch den Menschen wird seit Bestehen der Menschheit spekuliert; über die Ausbeutung der Landschaft noch nicht ganz so lange; in einem blinden, profitgierigen Optimismus hat man über eineinhalb Jahrhunderte lang Industrialisierung betrieben. Immer feste druff, wenn nur die Kohlen stimmen. Die stimmen inzwischen halbwegs, und nun stellt sich heraus, daß nicht nur Mensch und Landschaft ausgebeutet, daß auch die Elemente vergiftet oder vertrieben werden. Es haben genug Architekten und Soziologen, Psychologen und gelegentlich sogar ein paar Theologen gewarnt und gescholten, geschehen ist bisher nicht viel, und wenn man sich überlegt, warum denn jener schwer definierbare Teil der Menschheit, den man die Jugend nennt, so apathisch oder gar pessimistisch ist, so sollte man sich fragen: Welche Zukunft hat man ihnen bereitet oder hält man für sie bereit? Welche Lebensqualität? Auch der Wasserverkäufer und der Lufthändler werden sie nicht mit dieser selbstmörderischen Zivilisation versöhnen.

Bis zum Jahre 1985 werden, wie das Generalsekretariat der Vereinten Nationen mitgeteilt hat, Neuntausend Milliarden Mark für Rüstung ausgegeben worden sein, in einer nackten Ziffer ausgedrückt: 9 000 000 000 000 Mark; das ist schon eine fast mystische Chiffre, weil man die Nullen nur noch mühsam handhaben und die Ziffern nur mühsam in Worte übersetzen kann; und um eine Wasserkatastrophe zu verhindern, müssen bis zum Jahre 2000 234 Milliarden Mark aufgebracht werden, das sind zehn Bundeswehretats. Um alle möglichen Katastrophen, die ich hier nicht aufzählen kann, zu verhindern, muß es also Raumordnung, Städteplanung, Verkehrsplanung, Gesundheitsdienste, Bildungsreformen, Umweltschutz geben. Es müssen ganz neue

Wertvorstellungen erarbeitet werden, die mit den bestehenden: Profit, Produktivität, Umsatzsteigerung natürlich in Konflikt geraten, und was vor allen Dingen in allen diesen vielfältigen, verwickelten Problemen eingeplant werden muß, das ist die Zeit, denn es ist höchste Zeit und die Zeit vergeht rasch. Und jeder Politiker, der glaubt, es könne das alles ohne Steuererhöhungen geplant werden, belügt sich selbst oder andere.

Es erscheint schon nicht mehr bloß wie nackter Unsinn, sondern wie selbstmörderischer Zynismus, wenn angesichts der hier nur angedeuteten Probleme ein Wort wie Plan von einer Partei wie der CDU/CSU denunziert wird, die sich anbietet, innen- und außenpolitische Probleme zu lösen. Wie sollen wohl diese Probleme gelöst werden, wenn *nicht* geplant wird? Das Gegenteil von Plan braucht nicht Freiheit zu heißen, es kann auch Planlosigkeit heißen, und die Folgen einer planlosen, rücksichtslosen Industrialisierung sehen wir ja.

Atemluft, Trinkwasser dürfen nicht zum Besitz einer privilegierten Schicht werden, die es sich leisten kann, aufs Land hinaus zu fahren, ins Zweithaus oder die Zweitwohnung, wo ihr außerdem die beiden weiteren für Stadtbewohner selten gewordenen Elemente zur Verfügung stehen: das Feuer im Kamin und die Erde im Park oder Garten. Das neue Wort Lebensqualität ist kein schönes Wort, es steht für etwas sehr altes, das selbstverständliche Lebensmaterial: Luft, Wasser, Feuer, Erde. Und noch etwas, was nicht in die Aufzählung der klassischen Elemente gehört, ihnen aber zugezählt werden müßte, wird zum Besitz Privilegierter: Ruhe oder Stille. Die Anzahl der Lärmvertriebenen wächst täglich, auch die Anzahl derer, die es sich nicht leisten könnten, vor dem unerträglichen Lärm zu fliehen, weil sie um ihren Arbeitsplatz fürchten müssen.

Die Legende vom Lufthändler könnte bald so wahr werden wie die Legende von dem, der an die Menschen Ruhe und Stille verkauft; irgend jemand, der ein System erfindet, diesen armen und armseligen verrückten gehetzten Midasnachfolgern ein Stückchen Stille oder Ruhe ans Ohr zu halten, und es werden natürlich der Wasser-, der Luft- und der Ruhehändler nur Kleinhändler sein; Großhändler, Konzerne werden sich bilden, die Wasser, Luft, Ruhe aufkaufen, horten und mit Profit an den Kleinhändler weiterverkaufen. Es ist schon unfaßbar, wenn man angesichts der nicht mehr nur zu erwartenden, der schon eingetretenen Entwicklung, Worte wie Plan denunziert, obwohl man selbst dauernd plant: Werbefeldzüge werden ja auch geplant, und man nennt sie Feldzüge, entnimmt das Vokabularium dem Kriegsbereich.

Nicht nur Staaten und Gemeinden haben einen Haushalt, auch die Erde hat einen, sie hat u. a. einen Sauerstoff- und einen Stickstoffhaushalt, und wir leben schon längst auf Kredit. In der blinden Aufbauphase der Bundesrepublik ist mit rücksichtsloser Euphorie, die nur auf Profit gerichtet war, Ausbeutung und Ausverkauf betrieben worden, und der Rest der Welt hat diesen Wiederaufbau erstaunt als eine Art Wunder wahrgenommen. Die Ursachen dieses Wunders waren nicht nur Fleiß, auch eine allen Beteiligten gemeinsame Blindheit. Immer feste druff. Die Kohlen stimmten, halbwegs in den Lohntüten und auch bei der Errechnung von Aktiengewinnen. Herrliche Zeiten. Ja. Das zweite Wunder wird schwerer zu bewerkstelligen sein: Es bedarf keiner bloß nationalen Planung, die Probleme sind längst international, wie der sowjetische Wissenschaftler Sacharow schon vor Jahren angekündigt hat, als er über ökologische Probleme schrieb, also über den Haushalt der Erde.

Quellennachweis
Erstveröffentlichungen der Arbeiten in diesem Band

Offene Antwort an die 329 tschechoslowakischen Schriftsteller, Intellektuellen und Künstler. In: ›Die Zeit‹, Nr. 37 vom 15. 9. 1967

Radikale für Demokratie. Rede bei der Kundgebung gegen die Notstandsgesetze im Bonner Hofgarten am 11. 5. 1968. Auszug in: ›Die Andere Zeitung‹, Nr. 21 vom 23. 5. 1968

Dunkel und trickreich. Analyse und Kritik der Notstandsgesetze, 2. Notstandsrede in Frankfurt, Veranstaltung des Arbeitskomitees Demokratie und Notstandsgesetze im Sendesaal des Hessischen Rundfunks am 28. 5. 1968. In: ›Der Spiegel‹, Nr. 24 vom 10. 6. 1968

Notstandsnotizen. In: ›Tintenfisch 2‹, Wagenbach Verlag, Berlin 1969

Taceat Ecclesia. Kritische Anmerkungen zur päpstlichen Enzyklika ›Humanae Vitae‹. In: NDR, 1. Programm, 22. 8. 1968

Der Panzer zielte auf Kafka. Vier Tage in Prag. In: ›Der Spiegel‹, Nr. 40/1968

Es wird immer später. Gedanken zum Sacharow-Memorandum. In: ›Die Zeit‹, Nr. 6 vom 7. 2. 1969

Ende der Bescheidenheit. Zur Situation der Schriftsteller in der Bundesrepublik. Rede zur Gründungsversammlung des Verbandes deutscher Schriftsteller am 8. 6. 1969 im Kölner Gürzenich. In ›Frankfurter Rundschau‹, Nr. 152 vom 5. 7. 1969

Deutsche Meisterschaft. In: ›Zensuren nach 20 Jahren Bundesrepublik‹, Verlag Wissenschaft und Politik, Köln 1969

Die Ursachen des Troubles mit Nordirland. In: ›Süddeutsche Zeitung‹, Nr. 45 vom 21./22. 2. 1970

Schwierigkeiten mit der Brüderlichkeit. Ansprache zur Eröffnung der Woche der Brüderlichkeit am 8. 3. 1970 im Kölner Gürzenich. In: ›Verkannt, verfemt, geduldet‹. Minderheiten in unserer Gesellschaft. Schriftenreihe der Kölnischen Gesellschaft für christlich-jüdische Zusammenarbeit, Heft 14/1970

Gesichtskosmetik der Großmächte – ein teurer Spaß. Aussprache zur ČSSR-Lesung bei der Frankfurter Buchmesse 1970. In: ›Luzerner Neueste Nachrichten‹, vom 28. 11. 1970

Einigkeit der Einzelgänger. Rede zum Schriftstellerkongreß Stuttgart, 21. 11. 1970. In: ›Ende der Bescheidenheit‹. Texte der Gründungsveranstaltung des Verbandes deutscher Schriftsteller, München 1969

Will Ulrike Meinhof Gnade oder freies Geleit? In: ›Der Spiegel‹, Nr. 3/1972

Über Willy Brandt. In: ›Gedanken über einen Politiker‹ (Dieser Mann Brandt), Hrsg. Dagobert Lindlau, Kindler Verlag, München 1972

Die Würde des Menschen ist unantastbar. Vorwort in: ›Wie links können Journalisten sein?‹ Pressefreiheit und Profit, rororo A 1599, Reinbek 1972

Das tägliche Brot der Bomben. In: ›La provocazione‹, Italien 1972

Gewalten, die auf der Bank liegen. Rede auf dem Parteitag der SPD 1972 in Dortmund. In: ›Frankfurter Rundschau‹ vom 13. 10. 1972

Luft in Büchsen. In: Wahlzeitung ›Wahltag‹ (Sozialdemokratische Wähler-Initiative), Hrsg. Eva Windmöller, Oktober 1972

Heinrich Böll

dtv

Irisches Tagebuch
1

Zum Tee bei Dr. Borsig
Hörspiele
200

Als der Krieg ausbrach
Erzählungen
339

Nicht nur zur Weihnachtszeit
Satiren
350

Ansichten eines Clowns
Roman
400

Wanderer, kommst du nach Spa . . .
Erzählungen
437

Ende einer Dienstfahrt
Erzählung
566

Aufsätze – Kritiken – Reden
616, 617

Der Zug war pünktlich
Erzählung
818

Wo warst du, Adam?
Roman
856

Gruppenbild mit Dame
Roman
959

Billard um halbzehn
Roman
991

Der Lorbeer ist immer noch bitter
Literarische Schriften
1023

Hierzulande
Aufsätze zur Zeit
sr 11

Frankfurter Vorlesungen
sr 68

dtv Moderne Theoretiker

Herausgegeben von Frank Kermode
Deutsche Erstausgaben

A. Alvarez:
Samuel Beckett
1008

Alfred Jules Ayer:
Bertrand Russell
935

David Caute:
Frantz Fanon
719

John Gross:
James Joyce
854

Edmund Leach:
Claude Lévi-Strauss
747

George Lichtheim:
Georg Lukács
748

John Lyons:
Noam Chomsky
770

Alasdair MacIntyre:
Herbert Marcuse
764

Jonathan Miller:
Marshall McLuhan
825

David Pears:
Ludwig Wittgenstein
780

Charles Rycroft:
Wilhelm Reich
847

Andrew Sinclair:
Che Guevara
718

Anthony Storr:
C. G. Jung
988

Richard Wollheim:
Sigmund Freud
803

George Woodcock:
Mahatma Gandhi
1049

Das Buch

Dem Bild vom Dichter im elfenbeinernen Turm hat Heinrich Böll nie entsprochen. So wie er in seinen Romanen und Erzählungen die gesellschaftspolitischen Entwicklungsprozesse in der Bundesrepublik kritisch durchleuchtet, so fühlt er sich auch immer wieder herausgefordert, in Reden und Aufsätzen zu politischen Tagesfragen direkt Stellung zu nehmen. Die hier zusammengefaßten politischen Schriften zeigen, wie persönlich und entschieden Böll seine Zeitgenossenschaft versteht. Sein Werk »ist geprägt von elementarem Abscheu vor der Gewalt in jeglicher Form. Und so spürt er immer wieder den Ursachen des Unfriedens nach und skizziert Gegenbilder einer humaneren Welt – ob er sich nun mit der Enzyklika ›Humanae Vitae‹, der Bombardierung Vietnams oder der Okkupation der Tschechoslowakei auseinandersetzt, bei der die Hoffnung auf einen demokratischen Sozialismus unter Panzerketten zermalmt wurde. Voraussetzung eines menschenwürdigen Lebens ist für Böll das Aussteigen aus den Ordnungen, die Absage an alles, was die Selbstverwirklichung des einzelnen verhindert: die Entfernung von der jeweiligen Truppe. Dieses Ausscheren aus der Marschkolonne, das Nicht-Tritt-Fassen-Wollen durchzieht als anarchische Komponente alle Arbeiten Bölls. Und dieses Nein-Sagen in einer Welt der kopfnickenden Ja-Sager, derer, die sich abfinden mit dem, was ist – dieses Nein-Sagen verhindert, daß Böll, auch wo er sich politisch engagiert, zum blinden Parteigänger wird. Seine Skepsis des gebrannten Kindes ist allumfassend, sie reicht von Rom bis Moskau ... Als ein unbequemer – auch gelegentlich für seine Freunde unbequemer – Störenfried hat sich Heinrich Böll immer wieder gezeigt. Ein Mann, der von Natur und Temperament her zur Versöhnung neigt, ist aus Sorge um den Frieden und die Menschlichkeit zum Unruhestifter geworden.« (Die Tat, Zürich)

Der Autor

Heinrich Böll, am 21. Dezember 1917 in Köln geboren, war nach dem Abitur Lehrling im Buchhandel. Im Krieg sechs Jahre Soldat. Danach Studium der Germanistik. Seit 1949 veröffentlichte er Erzählungen, Romane, Hör- und Fernsehspiele, Theaterstükke und ist auch als Übersetzer aus dem Englischen tätig. 1972 erhielt Böll den Nobelpreis für Literatur.